지혜로운 삶의 교훈
한용운 채근담
1

지혜로운 삶의 교훈
한용운 채근담
1

이병두 풀어씀

참글세상

여러분들의
마음도
편해지기를
기대하며……

　　　　　동서고금의 여러 문명과 종교·사상에서 각기 최고의 지혜가 담긴 책을 자랑합니다. 그 가운데는 성서의 반열에 올라 다른 문명권에서도 널리 읽혀지는 것이 있기도 하지만, 좁은 지역 안에서 적은 숫자의 사람들에게만 읽혀지다가 사라져간 책들도 있습니다.

　유대인들의 지혜서인 『탈무드』는 이제 세계 여러 나라 말로 번역되어 여전히 삶의 나침판이 되고 있습니다. 그래서 혹 유대교는 이 세상에서 사라질지 모르지만, 이 『탈무드』는 결코 사라지는 일이 없을 것입니다.

　동아시아 여러 나라에서도 불교·유교와 노장의 여러 경전이 주옥같은 지혜의 말씀을 전하고 있고, 이에 대한 해설서가 끝없이 이어져 왔습니다. 아마 우리나라를 포함하여 중국·일본과 베트남 등 동아시아 한자 문화권의 철학과 사상의 역사는 위 세 종교 또는 사상에 대한 주석의 역사일지도 모릅니다.

　요즈음 사람들이 요약본을 좋아하고 학생들이 '요점 정리'라는 이름이

붙은 참고서를 찾듯이, 옛 사람들도 이 방대한 유불도(儒佛道)의 책 가운데서 우리의 삶에 꼭 필요한 지침이 될 만한 구절들을 뽑아놓은 책을 기대했을 것이고, 그래서 그런 기대에 부응하는 책도 여러 권 나왔습니다. 이번에 출간하는 『채근담』은 그 중에서도 최고로 뽑히는 책입니다.

『채근담』은 본래 중국 명(明)나라 말기의 홍응명(洪應明, 字 自誠, 號 還初道人)이 유불도의 정수를 뽑아 엮은 것으로, 제목의 '채근'은 송(宋)나라 왕신민(汪信民)의 『소학(小學)』 "인상능교채근즉백사가성(人常能咬菜根卽百事可成. 사람이 항상 나무뿌리를 씹을 수 있다면, 다시 말해 일의 근본을 알면 온갖 일을 다 이룰 수 있다.)"라는 말에서 따온 것으로 알려져 있습니다.

이 책이 우리나라 독자들에게 알려진 것은 1917년에 만해 스님이 『정선강의(精選講義) 채근담』이라는 제목으로 해설서를 출간하면서부터입니다. 당시 이 책의 인기가 높아 초판본을 출간한 후 얼마 되지 않아 재판을 발행하였다고 합니다.

만해 스님의 뒤를 이어 조지훈 선생을 비롯해 여러분들이 이 책을 다시 번역하고 해설을 붙여 세상에 내놓았지만, 거의가 만해 스님께서 해놓으신 작업의 바탕 위에 더하고 빼는 일을 했다고 해도 지나치지 않을 것입니다. 저의 경우에는 만해 스님의 강의를 주춧돌로 하고 조지훈 선생의 해설을 기둥으로 삼았으니, 제가 한 일은 다만 서까래를 얹고 조금 더 예쁘게 지붕을 씌우는 마지막 다듬기 작업에 불과합니다.

여러 선각들이 이미 좋은 번역과 해설을 내놓았는데 여기에 저까지 끼어들게 된 데에는 제 개인의 역사가 관련이 있어서, 그 이유를 말씀드리지 않을 수 없습니다.

지난 2003년 여름부터 2년 동안 어려운 세월을 겪었습니다. 끓어오르는 분노를 이겨내기 어렵고 자칫 잘못하면 큰 사고라도 칠 것 같았습니다. 그래서 '산속에 칩거해 마음을 다스려보자'며 유배를 자청하고 강원도 평창의 폐교(廢校)를 개조한 허름한 절에서 홀로 지내며 하루 세 차례 예불을 드리고 기도를 하며 지냈습니다.

아무리 고요한 산속에서 기도를 한다고 해도 분노의 불을 끄는 일은 정말 어려웠습니다. 잠잠해진 듯하다가도 때때로 느닷없이 찾아드는 분노와 증오의 불길을 걷잡을 수 없었던 적도 자주 있었습니다.

그때 흔들리는 마음을 다스리기 위해 오전에는 불경을 꼼꼼하게 옮겨 적는 사경을 하고 오후에는 영어로 된 불교서적·경전 등을 우리말로 옮기는 일을 하였는데, 2004년에 출간된 『담마난다 스님의 불교이야기』는 그 결과 중 하나입니다.

밤이 되면 다양한 책을 읽었습니다. 산속이라 밤이 깊었고, 그래서 아주 많은 책을 읽는 뜻밖의 소득을 얻을 수 있었습니다. 그때 『채근담』을 두 차례 읽고 난 뒤에, 나름대로 마음 다스리기에 큰 '효험'을 보았습니다. 그래서 다시 차근차근 읽어가며 음미하고 우리말로 옮긴 뒤 제 나름의 생각을 덧붙였던 것이, 여러 해 동안 컴퓨터 속에서 잠을 자고 있다가 이번에 불교시대사 이규만 사장의 권유로 세상에 나오게 된 것입니다.

이 책은 제가 어려웠던 시절, 자주 찾아와 예쁜 소리로 지저귀던 이런저런 새들과 절 앞을 흐르던 맑은 계곡물·절 뒤의 울창했던 잣나무 수풀과 함께 혼란스런 마음을 가라앉히고 분노를 잠재워서 그 어려움을 이기고 다시 일어설 수 있게 도와주었던 가장 가까운 벗이자 스승이었습니다.

굳이 특징과 장점을 들 필요도 없을 정도로 이 책은 널리 알려져 있어서 더 이상 설명이 필요 없을 것이라 생각합니다. 독자 여러분들도 이 책을 읽으면서 각자 처한 자리에 따라 각 구절을 받아들이는 마음이 다를 것이고, 그런 점에서 여러분 모두 자신만의 '채근담 이야기'를 쓰실 수 있으리라고 확신하고 또 그렇게 되기를 기대합니다.

　마지막으로 만해 스님의 『정선강의 채근담』 재판 발행을 알리는 광고 글을 인용하여 독자들께 드리는 말씀을 마무리하고자 합니다.

　　"정신의 수양과 문학의 향상은 실로 오늘날 우리 조선의 절실한 요구이다. 이 책은 세상에 드문 걸작에다 뛰어난 강의를 덧붙인 것으로, 비록 작은 책자이기는 하지만 반드시 세상 모든 사람의 공감을 불러일으킬 것이다. 독자께서 참으로 우수한 인물이 되기를 원한다면 이 양서(良書)를 읽고 남에게 뒤떨어져서는 안 된다."

　저의 해설이 결코 만해 스님의 강의처럼 뛰어나지는 않지만, 혹 여러분의 마음을 다스리고 삶이 편안해지며 세상을 맑고 향기롭게 가꾸어가는 데에 조금이라도 도움이 되었으면 좋겠습니다.

　감사합니다.

2010년 5월
이병두

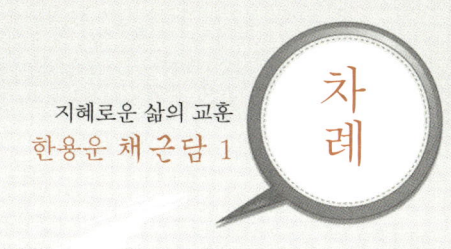

지혜로운 삶의 교훈
한용운 채근담 1

여러분들의 마음도 편해지기를 기대하며……· 4

수성修省
마음을 가다듬어 반성함

1 _ 마음을 깨끗이 하기 · 14
2 _ 본래의 참 모습 찾기 · 16
3 _ 만반의 준비를 하기 · 18
4 _ 철저히 준비하기 · 20
5 _ 좋은 인품 만들기 · 22
6 _ 활발한 원기를 양성하기 · 24
7 _ 참 신념 갖기 · 26
8 _ 기본을 잘 세우기 · 28
9 _ 본심을 잘 지키기 · 30
10 _ 수양하기 · 32
11 _ 스스로를 점검하기 · 34
12 _ 장애를 극복하기 · 36
13 _ 넓은 아량을 갖기 · 38
14 _ 뜻을 잃지 않기 · 40
15 _ 성인의 반열에 들기 · 42
16 _ 정신적인 자신을 인식하기 · 44
17 _ 세속의 짐 벗어버리기 · 46
18 _ 마음을 화합하기 · 48
19 _ 진실한 자신을 나타내기 · 50
20 _ 가정의 갈등을 해소하기 · 52
21 _ 시작을 중요시하기 · 54
22 _ 스스로 깨닫기 · 56

응수 應酬
일체의 사물을 접촉해서 상대함

1 _ 마음을 잘 다스리기 · 60
2 _ 좋고 싫은 것의 균형 맞추기 · 62
3 _ 실질을 앞세우기 · 64
4 _ 감정을 다스리기 · 66
5 _ 맑은 마음을 갖기 · 68
6 _ 시비를 구분하기 · 70
7 _ 마음의 중심을 가지기 · 72
8 _ 남을 의지하지 않기 · 74
9 _ 성실한 마음으로 교제하기 · 76
10 _ 어려움은 점차적으로 고치기 · 78
11 _ 인내와 용서의 덕을 기르기 · 80
12 _ 이길 때와 질 때를 알기 · 82
13 _ 시류에 따라 살기 · 84
14 _ 세상의 이치를 파악하기 · 86
15 _ 시종일관 마음잡기 · 88
16 _ 이치를 잘 살피기 · 90
17 _ 세상을 넓게 보기 · 92
18 _ 여유로운 마음 갖기 · 94
19 _ 즐거움의 함정을 벗어나기 · 96
20 _ 의연하게 행동하기 · 98
21 _ 맑은 마음 갖기 · 100
22 _ 자연을 닮기 · 102
23 _ 열정적으로 살기 · 104
24 _ 산처럼 단단하고 굳세게 하기 · 106
25 _ 늘 준비하는 자세로 살기 · 108
26 _ 남을 도와주기 · 110
27 _ 군자와 소인을 구별하기 · 112
28 _ 침착하고 진실하기 · 114
29 _ 따뜻한 마음 갖기 · 116
30 _ 지나침을 염려하기 · 118
31 _ 명예보다 진실을 추구하기 · 120
32 _ 신중하고 과감하게 살기 · 122
33 _ 진정한 자비를 베풀기 · 124

평의 評議
잘잘못을 살피어 의논함

1 _ 적절하게 일하기 · 128
2 _ 편 가르지 않기 · 130
3 _ 자기의 중심을 잘 지키기 · 132
4 _ 자신부터 잘하기 · 134
5 _ 진실한 마음을 갖기 · 136
6 _ 세상을 속이지 않기 · 138
7 _ 비난하지 않기 · 140
8 _ 화와 복을 받을 때 주의하기 · 142
9 _ 진실한 이치를 깨닫기 · 144
10 _ 매이지 않는 생활하기 · 146
11 _ 진정한 자신을 찾기 · 148
12 _ 까닭이 있음을 알기 · 150
13 _ 함부로 구별하지 않기 · 152
14 _ 큰 마음으로 보기 · 154
15 _ 여유롭고 너그럽게 살기 · 156
16 _ 역경을 받아들이기 · 158
17 _ 마음을 닦기 · 160

한적 閑適
한가하게 유유자적함

1 _ 웃으며 살기 · 164
2 _ 만물의 이치를 깨닫기 · 166
3 _ 생명의 유한함을 깨닫기 · 168
4 _ 소박함의 즐거움을 알기 · 170
5 _ 아름다운 인생으로 마무리하기 · 172
6 _ 기쁘고 싫은 감정에서 벗어나기 · 174
7 _ 욕심을 초월하기 · 176
8 _ 아름다움을 지키기 · 178
9 _ 부끄럽지 않게 살기 · 180
10 _ 적극적으로 살기 · 182
11 _ 실속 있는 생활하기 · 184
12 _ 진실을 추구하기 · 186
13 _ 바쁜 중에 여유를 갖기 · 188
14 _ 선비다운 안목 갖기 · 190

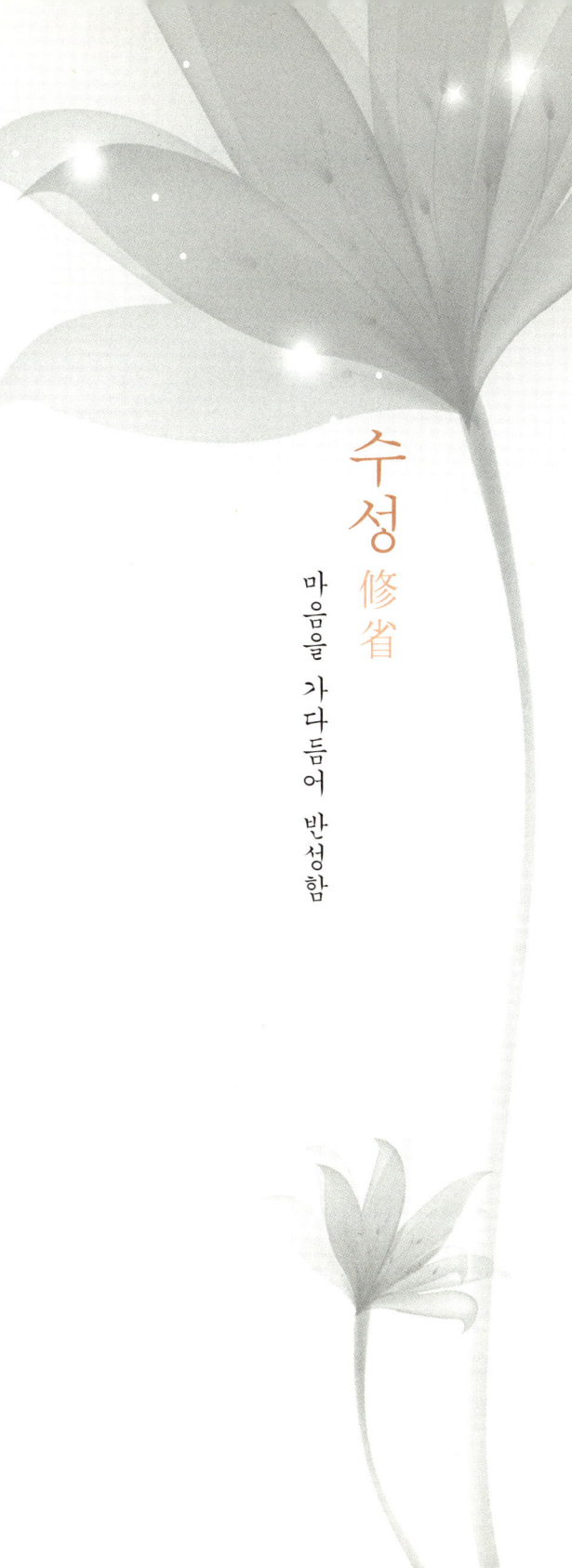

수 성 修省

마음을 가다듬어 반성함

1 마음을 깨끗이 하기

能輕富貴
능 경 부 귀

부귀를 쉽게 가벼운 것이라 생각하지만

不能輕一輕富貴之心
불 능 경 일 경 부 귀 지 심

한 점 부귀를 가볍게 여기는 마음은 쉽지 않다.

能重名義
능 중 명 의

명분과 의리를 소중히 생각하지만

又復重一重名義之念
우 부 중 일 중 명 의 지 념

한 점의 명분과 의리를 소중히 하는
마음을 중요하게 생각한다면

是事境之塵氛未掃
시 사 경 지 진 분 미 소

이것은 사물의 먼지를 쓸어버리지 못한
까닭이다.

而心境之芥帶未忘
이 심 경 지 개 대 미 망

마음에 있는 작은 티끌을 잊지 못한 까닭이니

此處拔除不淨
차 처 발 제 부 정

이것을 제거하여 깨끗이 하지 못하면

恐石去而草復生矣
공 석 거 이 초 부 생 의

돌은 치웠으나 풀이 다시 돋아날까
두려운 것과 같다.

수성修省

　　　　　세상을 살아가면서 삶을 편안하게 해주는 부를 멀리하기란 어렵다. 또한 사람들의 존중을 받을 수 있는 자리를 스스로 멀리하기도 어렵다. 부를 멀리하거나 귀하게 대접 받는 것을 멀리한다고 그가 훌륭한 인격을 갖췄다고만은 할 수 없다.

　이 보다 더 중요한 것은 많은 부를 가지고 있을 때 그것을 어떻게 사용하느냐에 달려 있다. 부가 있다고 하여 사람을 무시하거나 오만해지는 것을 경계하고 약자를 가볍게 여기지 않고 존중할 줄 안다면 그가 부를 가졌다고 비난받지는 않는다.

　높고 귀한 대접을 받는 위치에 있다고 하여 그가 비난 받을 일도 아니다. 그가 어떤 자리에 있든, 그것이 문제가 아니라 그의 마음가짐에 달려있다. 비록 높고 귀한 위치에 있어도 누구를 대하든 평등하게 대하며, 겸손한 자세를 견지한다면 그는 훌륭한 인격을 갖고 있는 것이라 할 수 있다.

　사람은 환경에 좌우되기 쉬우므로 자신을 경계할 줄만 알면 된다. 재산이 많이 생기면 자신도 모르게 남을 가볍게 여기거나 오만해 지기 쉽고, 높고 귀한 위치에 있으면 위로는 아부하고 아래로는 무시하기 쉬운 법이다. 그러한 마음가짐을 주의하는 것이 인생을 바로 사는 길이다.

2 본래의 참 모습 찾기

僞善而欲自高勝人
위 선 이 욕 자 고 승 인

선한 일을 하면서 자신을 높여 다른 사람을
이기려는 욕심을 품고

施恩而欲要名結好
시 은 이 욕 요 명 결 호

은혜를 베풀면서 명예를 바라며
좋은 결과를 얻으려 하고

修業而欲驚世駭俗
수 업 이 욕 경 세 해 속

일을 하면서 세상을 놀라게 하려 하고

植節而欲標異見奇
식 절 이 욕 표 리 견 기

절의를 품으며 기이함을 드러내려는 것은

此皆是善念中戈矛
차 개 시 선 념 중 과 모

그 모두가 선한 생각 속에 숨어 있는
창칼과 같고

理路上荊棘
이 로 상 형 극

이치 속에 숨어 있는 가시와 같아서

最易來帶
최 이 래 대

끼어들기는 아주 쉽지만

最難拔除者也
최 난 발 제 자 야

이를 없애기는 매우 어렵다.

須是滌盡渣滓
수 시 척 진 사 재

그러므로 그 찌꺼기를 씻어 없애고

斬絕萌芽
참 절 맹 아

그 싹을 잘라 없애야만

纔見本來眞軆
재 견 본 래 진 체

비로소 본래의 참 모습을 볼 수 있는 것이다.

16

진정으로 착한 일을 한다는 것은 드러나지 않게 하는 것이다. 드러내고자 하는 선행은 본시 마음이 이미 착한 것에서 멀어져 있는 것이다. 자신을 돌보이려고 하는 선행을 착한 일이라고 할 수는 없다. 착한 일의 진정성은 누가 그 착한 일을 알아주기를 바라는 것도 아니며, 그 일로 자신의 명예를 높이고 칭찬을 듣고자 하는 것도 아니다. 누가 알아주든 그렇지 않든, 자신에게 이익이 있든 없든, 그런 것과는 무관하게 자신이 착한 일을 함으로 해서 스스로 마음속에 기쁨을 얻는 것으로 족하다.

선행은 은혜를 팔아서 명예와 호의를 사는 장사꾼의 영리적인 행위가 아니라 나를 감추고 다른 사람을 도와 도움 받은 사람이 좀 더 편안한 삶을 살 수 있게 하는 것이다. 선행은 영리를 목적으로 하는 비즈니스와 달라서 나보다 부유하고 강한 사람에게 행하는 것이 아니라 나보다 약하고 가난한 사람에게 행하는 일이다.

3 만반의 준비를 하기

一念錯
일 념 착

생각 하나가 어긋나면

便覺百行皆非
변 각 백 행 개 비

재빨리 잘못된 모든 행동을 깨닫고

防之當如渡海浮囊
방 지 당 여 도 해 부 낭

이것을 막아야 하며, 당연히 바다를 건너는 부낭에

勿容一針之罅漏
물 용 일 침 지 하 루

바늘만큼의 틈도 생기기 않게 해야 한다.

萬善全
만 선 전

일만 가지의 선행을 베풀어도 그것이 온전해야만

始得一生無愧
시 득 일 생 무 괴

비로소 일생에 부끄러움이 없어진다.

修之當如雲寶樹
수 지 당 여 운 보 수

그러므로 마땅히 수양을 하되 구름 위로 치솟은 소중한 나무에

須假眾木以撐持
수 가 중 목 이 탱 지

중목을 세워서 지탱하는 것처럼 해야 한다.

큰 댐이 무너지는 것도 처음에는 아주 작은 물방울이 새면서 시작되며, 아무리 큰일이라도 근원을 파보면 사소한 실수에서 비롯되는 것을 알 수 있다. 따라서 작은 실수 하나라도 대수롭지 않게 여기면 나중에는 걷잡을 수 없는 상황으로 치닫고 만다.

한 가지 생각에도 주의를 기울여야 하는 이유도 거기에 있다. 생각 하나라도 잘못하면 나중에는 모든 생각이 잘못될 수 있고, 그것이 인생 전체를 무너지게도 한다.

깊은 물을 건널 때 구멍 난 배를 타고 건넌다면 오래 가지 못하고 결국 물에 빠지고 마는 것처럼 생각 하나라도 잘못되면 자신도 모르는 사이에 헤어 나올 수 없는 인생의 바다 깊은 곳에 빠진다.

자신의 생각이 잘못되지 않도록 스스로 엄격하게 관리해야만 한다. 사람이 만사를 행하는 데에 있어 한 가지 일이라도 착하지 못한 것이 있으면 이것이 일생의 결점이 되어 스스로 부끄러움을 느낄 수 있다. 만 가지 착한 일이 완벽하여도 한 가지라도 악한 일이 그 착한 일에 끼어있으면 착한 일 백 가지도 무익한 일이 되고 지탄을 받을 수 있다.

자신의 생각을 잘 다스리는 것이 인생에서 참으로 중요한 일임을 명심하고, 생각 하나 하나에 정성을 다해야 한다.

4 철저히 준비하기

忙處事爲
망 처 사 위

한창 바쁠 때에 할 일을

常向閒中先檢點
상 향 한 중 선 검 점

한가한 시간에 미리 살피면

過擧自稀
과 거 자 희

실수하는 일이 적어지고,

動時念想
동 시 념 상

움직이면서 하는 생각을

預從靜裡密操持
예 종 정 리 밀 조 지

조용할 때에 미리 세밀히 검토하면

非心自息
비 심 자 식

잘못된 마음이 저절로 멈춘다.

급한 일을 당하고 나서야 그때부터 그 일을 처리하느라 허둥대는 사람이 있다. 모름지기 참다운 인생을 살려면 늘 준비하는 자세로 살아야 한다. 번거롭고 바쁜 때에 일 처리를 하려면 마음만 바쁘고 급한 탓에 자칫 일을 아예 그르치기 쉽다.

그러므로 조금이라도 한가할 때에 미리 자신에게 주어질 일들을 점검할 필요가 있다. 지혜로운 사람이란 한가할 때에도 생각을 쉬는 것이 아니라 준비하는 자세로 늘 생각의 끈을 놓지 않는 사람이다.

한가할 때 생각하면 한결 마음의 여유를 얻을 수 있고, 차분한 계획을 세울 수 있으므로 삶에서 허둥대거나 실수할 일이 적어진다.

5 좋은 인품 만들기

欲做精金美玉的人品 　맑고 아름다운 인품을 기르고 싶으면
욕 주 정 금 미 옥 적 인 품

定從烈火中煅來 　뜨거운 불 속에서 단련해야 하며,
정 종 열 화 중 단 래

思立掀天揭地的事功 　천지를 뒤흔들 만한 공을 세우려면
사 립 흔 천 게 지 적 사 공

須向薄氷上履過 　얇은 얼음 위를 지나는 것처럼 신중해야
수 향 박 빙 상 이 과 　한다.

修省

금이나 돌도 처음에는 원석이었다. 원석이 맑고 깨끗한 금이 되고, 아름다운 옥이 되어 사람들의 사랑을 받는 것은 뜨거운 용광로를 거쳤기 때문이다. 뜨거운 불 속에서 잡것을 제거하고 고도의 단련을 받은 후에 공을 들인 정성이 있었기 때문이다.

사람들에게 인정을 받거나 존중을 받을 수 있는 인품을 가지려면 금이나 옥이 거치는 것과 같은 통과의례를 거쳐야 하는 것처럼 어려운 역경과 고난 속에서도 의연하게 그 과정을 잘 참고 이겨내는 수양을 거쳐야 한다.

천하에 이름난 충렬과 만고의 절의 있는 사람은 시퍼런 칼날을 헤치고 뜨거운 피를 뿌리는 고생스럽고 위험한 속에서 나왔으며, 세상에 드문 영웅호걸들은 모두 나름대로 어려운 난관을 슬기롭게 헤쳐 나온 이들이다.

이와 반대로 안일하게 곤란과 역경을 약삭빠르게 피하는 사람은 초기에는 잘 나가는 것 같지만 나중에는 비루한 존재로 전락하고 사람들에게 비웃음을 얻는다. 맑고 아름다운 인품을 기르는 일이야말로 가치 있는 삶이다.

6 활발한 원기를 양성하기

紛擾固溺志之場
분 요 고 익 지 지 장

시끄러운 곳은 뜻한 일을 약하게 하는 곳이며

而枯寂亦槀心之地
이 고 적 역 고 심 지 지

또한 조용한 곳은 마음을 고갈시키는 곳이다.

故學者當棲心元默
고 학 자 당 서 심 원 묵

그러므로 학자는 당연히 마음을 고요한 곳에 두어

以寧吾眞體
이 녕 오 진 체

자신의 몸을 편안하게 하고

亦當適志恬愉
역 당 적 지 염 유

뜻을 편안하고 즐거운 데에 두어

以養吾圓機
이 양 오 원 기

내 자신의 활발한 원기를 양성해야 한다.

명필은 붓을 탓하지 않으며, 명수는 활과 총을 탓하지 않는다. 어떤 환경에 있든 자기를 다스리면 훌륭한 인품을 갖출 수 있다. 환경을 탓하는 것은 어리석은 자의 몫이며, 군자는 환경을 탓하기보다 환경을 극복해낸다.

시끄러운 곳에 있으면 하고자 하는 일을 약하게 할 수 있다. 정신을 집중할 수 없게 하기 때문이다. 반면 조용한 곳에만 있으면 마음은 고요하나 무기력할 수 있다. 어떤 환경에 있든 자기 스스로하기 나름이다. 좋은 환경이든 나쁜 환경이든 장단점이 있다.

그러므로 군자는 요란한 곳에 있어도 마음은 조용하게 유지하려 애쓰며, 조용한 곳에 있어도 마음에 활기를 잃지 않도록 애써야 한다. 어디에 있든 자기 균형을 유지할 줄 아는 것이 군자의 길이다.

7 참 신념 갖기

士人有百折不回眞心
사 인 유 백 절 불 회 진 심

纔有萬變不窮之妙用
재 유 만 변 불 궁 지 묘 용

선비란 백 번을 꺾일지라도 굽히지 않는 진심이 있어야

만 번을 변해도 그치지 않는 묘용이 있다.

수성 修省

참다운 선비정신은 어떠한 고난에도 포기하거나 넘어지지 않는 정신이다. 쉽게 절망하고 쉽게 꺾이는 것은 범부들이나 할 수 있는 일이다. 참된 선비는 자신이 옳다고 생각하는 일이 있다면 그 일을 관철시키기 위해 몇 번이고 일어서기를 거듭하는 정신력이 있어야 하며, 의를 위해 굽히지 않는 기개가 있어야 한다.

그러한 정신과 기개가 있다면 세상이 어떻게 변하든 그 세상에서 당당하게 살아남을 수 있는 지혜와 덕을 갖출 수 있다. 고난과 장애를 당해도 조금도 굴복하지 않는 진심이 있으면 영원하고 위대한 경륜을 이룩할 수 있다.

8 기본을 잘 세우기

立業建功　　　　　　　　공로를 세우려면
입 업 건 공

事事要從實地着脚　　　　일마다 본연의 땅에 발을 디뎌야 한다.
사 사 요 종 실 지 착 각

若少慕聲聞　　　　　　　조금의 명성이라도 바란다면
약 소 모 성 문

便成僞果　　　　　　　　잘못된 결과가 생긴다.
변 성 위 과

講道修德　　　　　　　　도덕을 익히려면
강 도 수 덕

念念要從虛處立基　　　　항상 욕심 없는 곳에 기본을 세워야 한다.
염 념 요 종 허 처 입 기

若稍計功效　　　　　　　만일 작은 일로 공로를 본받으려 하면
약 초 계 공 효

便落塵情　　　　　　　　문득 세속의 정욕에 떨어진다.
변 락 진 정

만일 큰 공이나 위대한 업적을 남기고 싶다면 그럴수록 공명심을 버려야 한다. 자기를 내세우고 싶어 하는 공명심은 지나친 욕심을 갖게 되어 신세를 망칠 수 있다. 공을 앞세우다 보면 마음은 급해지고 때로 남을 속여 명성이나 얻으려 하게 되고 끝내는 자신을 속여 헛된 일에 몰두하는 사람으로 전락하고 만다.

도덕을 익히려면 마음을 비우고 거기에 기본을 세워야할 것이다. 생각함에 있어 탐욕을 버리고, 빈 마음으로 기본을 세워야 탐욕에서 벗어날 수 있다. 만일 마음을 비우지 않고 공리의 효과만을 얻으려 한다면 도리어 도덕에 어긋나 세상의 욕심에 떨어지고 말 것이다.

그러므로 공적을 세우려면 먼저 명예욕을 버리고 덕을 쌓으려는 마음을 가져야 한다. 또한 뭔가의 결과를 얻으려는 욕심이 생기면 도덕을 배우기는커녕 탐욕에 쌓여 추한 삶을 살 수 밖에 없다.

9 본심을 잘 지키기

一點不忍的念頭
일 점 불 인 적 념 두

차마 저지르지 못하는 한 점 마음은

是生民生物之根芽
시 생 민 생 물 지 근 아

백성과 사물을 낳는 근본이며

一段不爲的氣節
일 단 불 위 적 기 절

악행을 저지르지 않는 한 가닥의 정신은

是撑天撑地之柱石
시 탱 천 탱 지 지 주 석

천지를 받치는 기둥이다.

故君子於一蟲一蟻
고 군 자 어 일 충 일 의

그러므로 군자는 벌레나 개미 한 마리도

不忍傷殘
불 인 상 잔

차마 죽이지 못하고

一縷一絲
일 루 일 사

한 오라기 실만큼도

勿容貪冒
물 용 탐 모

탐하는 것을 용납하지 않는다.

便可爲民物立命
변 가 위 민 물 입 명

그래야만 백성을 위한 천명을 세울 수 있고

天地立心矣
천 지 입 심 의

천지만물에 마음을 세우게 된다.

작은 생명이라도 소중하게 생각하는 마음을 갖는다면 백성을 살리고, 만물을 생성시키는 것과 같다 할 것이다. 그 갸륵한 마음이 세상을 살리고 백성을 사랑하는 마음의 시작이니, 그런 정신을 가진 관리야말로 진정 나라를 사랑하는 사람의 기본 도리라 할 것이다. 옳지 못한 행동이라면 사소한 행동이라도 멀리하는 마음을 갖는다면 그것은 더 큰 기개와 절의를 지키는 큰 덕을 이루는 기본이 된다 할 것이다.

도덕을 닦는 군자는 아주 작은 미물의 생명이라도 가볍게 여기지 않으며 비록 하찮은 물건이라도 탐내지 않는다. 이것이 바로 백성과 만물을 위하여 본성을 보전시키고 근원을 이루는 길이다.

하찮은 미물이라도 죽이지 않는다는 것은 지극히 작은 일이지만 이것을 측은히 여기는 마음에서 나오는 싹이므로 이를 키운다면 사람을 구제하고 사물을 이롭게 하는 자선을 이룰 수 있다. 비록 사소하고 잡스러운 물건 하나라도 탐내지 않는다는 것은 지극히 작은 행동이지만 이것은 부끄러움을 아는 마음, 즉 의에서 생기는 것이다. 그러므로 이것을 이행하여 정의를 원만히 성숙시키면 천지를 버티는 기개와 절의를 세울 수 있다. 백성과 만물을 위하여 본성을 보전시키고 인심을 이루는 일도 이 마음이 근본이다.

10 수양하기

| 學者動靜殊操 | 학자가 동정에 따라 지조를 바꾸고 |
| 학 자 동 정 수 조 | |

| 喧寂異趣 | 시끄럽고 고요함에 따라 취향을 바꾸면 |
| 훤 적 이 취 | |

| 還是煅煉未熟 | 그것은 아직 수양이 미숙하고 |
| 환 시 단 련 미 숙 | |

| 心神混淆故耳 | 심신이 혼란하기 때문이다. |
| 심 신 혼 효 고 이 | |

| 須是操存涵養 | 모름지기 올바름을 지키고서 보존하여 길러야 할 것이니 |
| 수 시 조 존 함 양 | |

| 定雲止水中 | 구름이 머물고 물이 멈춘 가운데에 |
| 정 운 지 수 중 | |

| 有鳶飛魚躍的景象 | 솔개가 날고 물고기가 뛰는 기상이 있고 |
| 유 연 비 어 약 적 경 상 | |

| 風狂雨驟處 | 미친 듯 몰아치는 비바람이 있는 곳에서도 |
| 풍 광 우 취 처 | |

| 有波恬浪靜的風光 | 파도를 멈추고 물결을 잔잔하게 하는 바람과 빛을 갖는다면 |
| 유 파 염 낭 정 적 풍 광 | |

| 纔見處一化齊之妙 | 비로소 처지와 교화를 갖추는 묘미를 보리라. |
| 재 견 처 일 화 제 지 묘 | |

정말로 학문을 제대로 익히려면 어떤 상황에서든 흔들림이 없어야 한다. 학문을 익히거나 도를 익히려는 자가 상황에 따라 마음이 바뀐다면 앞으로 살아나갈 인생길에서 마음 바꾸기를 자주 할 것이 자명한 일이다.

진정한 학자나 군자가 되고 싶다면 어떤 환경에서건 일관성을 가질 수 있도록 마음의 수양을 해야만 한다. 환경에 따라 취미를 바꾸어 시끄러울 때는 번잡스럽게 살고, 고요할 때에는 침잠하게 살며, 밖의 사정에 따라 마음 지키기를 변경한다면 그것은 마음을 다잡지 못했다는 증거이다.

마음을 잘 다스려서 번잡하다고 객기를 부리거나 일이 잘 안 된다고 의기 소침하는 미숙한 심신의 상태를 유지해선 안 된다. 심신을 더 수양해서 구름이 멈추고 물이 쉬는 것 같은 적막 속에서 솔개가 날고 물고기가 뛰는 활발한 기상을 가질 것이며, 모진 바람이 불고 소나기가 후려치는 시끄러운 곳에서 파도를 멈추고 물결을 가라앉히는 깨끗하고 고요한 풍광을 갖는다면 적막 속에 움직이는 이치를 보고 시끄러운 곳에 고요한 이치를 보게 될 것이다.

이렇게 함으로써 환경에 따라 지조를 달리하거나 시끄럽고 고요한 환경에 따라 취미를 변경하는 좁은 마음을 없애야 한다. 그런 마음 수양을 쌓으면 백 가지 처지에서도 똑같이 생활하고, 만 가지 교화도 똑같이 대할 수 있는 수양을 얻을 것이다.

스스로를 점검하기

無事 무 사	할 일이 없을 때에는
便思有閑襍念想否 변 사 유 한 잡 념 상 부	번잡한 상념이 있지는 않은지 생각하라.
有事 유 사	할 일이 있을 때에는
便思有麤浮意氣否 변 사 유 추 부 의 기 부	문득 마음이 거칠거나 들떴는지 그렇지 않은지 생각하라.
得意 득 의	뜻을 얻었을 때에는 잡스러운 마음이 있지는 않은지 생각하라.
便思有驕矜辭色否 변 사 유 교 긍 사 색 부	뜻한 바를 얻었을 때에는 교만한 생각이 있지는 않은지 생각하라.
失意 실 의	뜻한 바를 잃었을 때에는
便思有怨望情懷否 변 사 유 원 망 정 회 부	원망하는 마음을 품은 건 아닌지 생각하라.
時時檢點 시 시 검 점	때때로 자신을 점검하여
至得從多入少 지 득 종 다 입 소	많은 곳에서 적은 곳으로 들어가며
從有入無處 종 유 입 무 처	있는 곳에서 없는 곳으로 들어가면
纔是學問的眞消息 재 시 학 문 적 진 소 식	이것이 학문의 진실한 길이다.

수성修省

　　할 일이 없어 한가할 때에는 허황되고 조잡한 생각을 하기 쉽다. 이때에는 깊이 반성하여 잡스러운 생각이 들어오지 않도록 자신을 살펴야 한다. 할 일이 너무 많을 때에는 마음의 중심이 잡히지 않아 혼란스러울 수가 있다. 그럴 때에는 마음의 경박해지지 않도록 자신의 마음을 누를 수 있는 차분함을 가져야 한다.

　일이 뜻대로 잘되면 자칫 의기양양해져서 오만에 빠지기 쉽다. 오만에 빠지면 사리판단이 제대로 안 되어 일을 망치기 십상이다. 이런 경우에는 겸손하게 뒤로 물러서서 자기에게 교만한 생각이 있는지 살펴야 한다.

　반대로, 하는 일이 벽에 막히고 되는 일이 없을 때에는 절망의 나락에 떨어져서 지나치게 가라앉거나 무기력증에 빠질 수 있다. 하늘을 원망하거나 남을 원망할 수도 있다. 그럴 때에는 자기 몸을 반성하여 원망하는 마음이 있는지 없는지를 살피고 자신을 점검해야 한다. 만일 잡됨과 거칠음, 교만과 원망의 잘못이 있거든 즉시 뉘우치고 깨달아 점차 허물을 적게 하고 나아가 허물이 없는 사람이 된다면 이것이 진정한 학문의 길이다.

12 장애를 극복하기

心是一顆明珠
심 시 일 과 명 주

마음은 하나의 구슬과 같아서

以物欲障蔽之
이 물 욕 장 폐 지

물욕으로 그것을 가리는 것은

猶明珠而混以泥沙
유 명 주 이 혼 이 니 사

밝은 구슬을 진흙으로 섞는 것이나 마찬가지로

其洗滌猶易
기 세 척 유 이

씻어내기가 쉽다.

以情識襯貼之
이 정 식 츤 첩 지

그러나 감정으로 그것을 감싸면

明珠而飾以銀黃
명 주 이 식 이 은 황

밝은 구슬을 금은으로 덮은 것과 같아서

其滌除最難
기 척 제 최 난

씻어내기가 매우 어렵다.

故學者不患垢病
고 학 자 불 환 구 병

그러므로 학자는 더러운 병을 근심하지 말고

而患潔病之難治
이 환 결 병 지 난 치

깨끗한 병이 오히려 고치기 어렵다는 것을 걱정해야 하며

不畏事障
불 외 사 장

일의 장애를 두려워하지 말고

而畏理障之難除
이 외 리 장 지 난 제

이치의 장애를 제거하기가 어렵다는 것을 두려워해야 한다.

수성修省

　원래 우리의 마음은 맑고 깨끗하여 조그만 결점도 없는 맑디 맑은 구슬과 같다. 그런데 우리 마음이 때로 추해지는 것은 우리 마음에 물욕이 스며들어 우리 마음을 가리고 있기 때문이다. 마음을 물욕으로 가리어 어둡고 어리석게 만드는 것은 마치 구슬을 진흙이나 모래에 섞어 놓은 것과 같지만 그것은 씻어내기가 오히려 쉬운 일이다.

　물욕으로 인하여 본심을 가리는 것은 다만 한 때 어둡고 어리석게 될 수는 있지만 어느 순간 그 잘못을 깨달아 반성하고, 스스로 몸을 닦는다면 어두운 것을 밝게 할 수 있고, 어리석음을 고쳐 지혜롭게 할 수 있다. 이것은 모래와 흙에 섞어 놓은 구슬을 씻어내는 것처럼 쉽다.

　그러나 감정적인 의식으로 친밀하게 붙어서 오해하는 마음이 생긴다면 이것은 구슬을 금은으로 도금한 것과 같아 닦아 버리기가 매우 어렵다. 그러므로 학자는 물욕이 더럽히는 병을 조심하기보다 감정적인 의식으로 된 정결한 병을 조심해야 한다. 또한 사물이 가리는 것을 두려워할 것이 아니라 마음의 가림을 두려워해야 한다. 구구한 감정으로 깊은 이치를 이해하지 못하고 자연스러운 본심의 참모습을 손상시키는 것이 학자의 큰 병이므로 그것을 경계해야 한다.

13 넓은 아량을 갖기

我果爲洪爐大冶
아 과 위 홍 로 대 치

내가 만약 넓은 도가니와 큰 풀무라면

何患頑金鈍鐵之不可陶鎔
하 환 완 금 둔 철 지 불 가 도 용

어찌하여 무딘 금이나 쇠붙이라도
녹이지 못할까 염려하랴?

我果爲巨海長江
아 과 위 거 해 장 강

내가 만약 큰 바다와 긴 강물이라면

何患橫流汚瀆之不能容納
하 환 횡 류 오 독 지 불 능 용 납

어찌하여 물이 가로로 흘러 더러워지는
것을 용납하지 못할까 염려하랴?

넓은 도가니와 큰 풀무는 단단한 금이나 둔한 쇠라도 얼마든지 녹일 수 있다. 그릇이 크면 그 무엇이든 담기 어렵지 않다. 그러므로 단단한 금이나 쇠를 얼마든 녹일 수 있는 넓은 도가니나 큰 풀무처럼 되고 싶다면 열린 마음으로 사람들을 품을 수 있는 인품을 갖추어야 한다. 몸의 덩치가 큰 사람이 중요한 것이 아니라 마음 그릇이 넓어야 군자가 될 수 있다.

큰 바다에는 그 무엇이 들어가도 다 받아들여 바다로 만들고, 강이 길게 흐르면 어떠한 더러운 것이 흘러들어도 길게 흐르는 동안 깨끗해지기 마련이다. 사람도 이와 같아서 다른 사람을 이해하려는 넓은 마음을 갖는다면 누구든 받아들일 수 있는 큰사람이 될 수 있다. 또한 조급하지 않게 여유 있는 마음을 가진다면 누구라도 이해하고 용서할 수 있는 덕을 갖춘 훌륭한 사람이 될 수 있다.

14 뜻을 잃지 않기

白日欺人 　　　　　밝은 날에 사람을 속이면
백 일 기 인

難逃淸夜之愧赧 　　맑은 밤의 부끄러움을 피하기 어렵다.
난 도 청 야 지 괴 난

紅顔失志 　　　　　홍안의 시절에 뜻을 잃으면
홍 안 실 지

空貽皓首之悲傷 　　부질없이 노년기에 슬픔이 생긴다.
공 이 호 수 지 비 상

밤이 되면 사람들이 죄를 짓는 유혹을 많이 받는다. 어둠 속에서는 누군가 알아차리지 못할 것 같은 생각 때문에 잘못을 저지를 마음이 쉽게 생긴다. 그러므로 밤이라도 밝은 곳에서 생활하려 애를 써야할 것이다.

또한 낮이라고 해서 죄의 유혹을 받지 않는 것은 아니다. 눈에는 밤에 보는 것보다 낮에 보는 것이 많으므로 차마 행동으로 옮기지는 못해도 마음속에는 사람을 속이고 싶은 생각이 더한 것이다. 밝은 낮이나 맑은 밤에 그러한 자신을 돌아보면 부끄러운 생각이 들 것이다. 그러므로 현명한 사람이 되려면 마음이 오염되지 않도록 애써 마음을 지켜야 한다.

또한 젊은 날에는 여기 저기 가고 싶은 곳도 많고, 부르는 친구들도 많아서 번잡스러워지기 쉽다. 바깥세상으로부터 유혹도 많고, 그저 시간을 낭비할 일이 밀려든다. 그렇다고 젊은 시절이 언제까지 이어지는 것은 아니므로 젊은 날에도 미래의 자신을 생각하고 자제할 줄 알아야 한다. 기운이 강건하고 정신이 맑은 젊은 날에 뜻을 잃고 덕을 쌓지 못하면, 늙고 병들어 쇠약한 노년이 되었을 때 그날들을 돌아보며 후회를 할 수밖에 없다. 그러므로 사람이 밤중에 생겨나는 부끄러움을 면하려면 대낮에 남을 속이지 말아야 하고, 또한 늙어서 슬퍼하는 일이 없으려면 젊은 날에 뜻을 잃지 말아야 한다.

성인의 반열에 들기

以積貸財之心 이적대재지심	재물을 쌓는 마음으로
積學問 적학문	학문을 쌓고,
以求功名之念 이구공명지념	공명을 구하는 생각으로
求道德 구도덕	도덕을 찾으며,
以愛妻子之心 이애처자지심	처자를 사랑하는 마음으로
愛父母 애부모	부모를 사랑하고,
以保爵位之策 이보작위지책	벼슬을 지키려는 방책으로
保國家 보국가	나라를 보존하라.
出此入彼 출차입피	이곳에서 나오고 저리로 들어감은
念慮只差毫末 염려지차호말	다만 터럭 한 올 차이의 염려지만,
而超凡入聖 이초범입성	평범함을 초월하여 성인에 오르는 것은
人品且判星淵矣 인품차판성연의	또한 하늘의 별과 땅의 연못만큼 인품의 차이가 있으니
人胡不猛然轉念哉 인호불맹연전념재	사람이 어찌하여 단호하게 생각을 바꾸지 못할까?

수성修省

　　사람은 누구나 재물을 모으고 명예를 얻으며 권력을 쟁취하는 것, 이러한 것들을 좋아한다. 하지만 이러한 것들은 사사로운 욕심에서 발현되는 것으로 언젠가는 물거품처럼 사라지고 공허만 남는다.

　반면 학문을 쌓고 덕을 쌓으며 양보하고 배려하고 부모에게 효도하며 국가를 진정으로 사랑하는 것, 이러한 것들은 일단 손해를 보는 듯하고 그래서 쉽게 싫증을 느낀다. 하지만 이러한 것에 보람을 느낀다면 마음이 기뻐지고 그 정신은 사라지지 않을 것이다.

　그러므로 재물을 쌓아나가는 재미처럼 학문을 익히는 것을 재미로 여기고, 권력이나 명예를 얻기 위해 애쓸 때 갖는 기쁨을 가지고 사람을 덕으로 대하고 인으로 대접하는 정신을 갖는다면 그는 칭찬받아 마땅하다. 또한 처자를 사랑하는 것처럼 부모를 사랑하고 국가를 보존하는 것은 사람으로서 갖추어야 할 떳떳한 도리이다.

# 정신적인 자신을 인식하기

軀殼的我着得破 껍데기인 몸을 들여다보면
구 각 적 아 착 득 파

則萬有皆空 모든 것은 다 공허하고
즉 만 유 개 공

而其心常虛 마음은 늘 허전하다는 것을 알게 되고,
이 기 심 상 허

虛則義理來居 허전하면 의리가 자리 잡는다.
허 즉 의 리 래 거

性命的我認得眞 정신적인 나 자신을 인식하게 되면
성 명 적 아 인 득 진

則萬理皆備 모든 이치를 다 갖추게 되어
즉 만 리 개 비

而其心常實 마음은 늘 실하고,
이 기 심 상 실

實則物欲不入 마음이 실하면 물욕 또한 들어오지 않는다.
실 즉 물 욕 불 입

사람은 누구나 어머니의 몸으로부터 온다. 하지만 그것을 기억하는 사람은 없다. 또한 세상을 떠나고 나면 이 세상을 기억하고 있을지 알 수 없다. 사람은 유한한 존재이기 때문이다. 유한한 존재라는 것을 인식하고, 지금의 이 아름답고 튼튼한 육체도 영혼이 나오면 아무 쓸모없고 맥없이 쓰러지는 껍질에 불과하다는 것을 생각하면 마음은 한없이 허전하다.

그런데도 자기 육체만을 위해 욕심을 부리면 여러 가지 물욕이 생겨 본심을 막고 가리는 일이 많다. 우리 몸은 영혼이 없으면 아무 쓸모가 없다는 것을 안다면 육신을 위해 지나친 욕심을 부리는 것이 어리석다는 것을 알게 되고, 물욕이 없어져 마음을 비울 수 있다. 그렇게 마음을 비우면 정의로운 마음을 품을 수 있다. 그렇게 되면 그 마음은 항상 진실할 것이고, 그 마음이 진실하면 물욕은 들어올 수 없다. 그러므로 육체의 욕심보다 정신을 풍요롭게 다스리는 것이 좋다.

# 세속의 짐 벗어버리기

塞得物欲之路
색 득 물 욕 지 로

纔堪闢道義之門
재 감 벽 도 의 지 문

弛得塵俗之肩
이 득 진 속 지 견

方可挑聖賢之擔
방 가 도 성 현 지 담

물질의 욕심으로 가는 길을 막아야

겨우 도의로 문을 열 수 있고,

어깨 위의 짊어진 세속의 짐을 내려놓아야

성현의 짐을 질 수 있을 정도가 된다.

우리가 한 생각에 빠지면 다른 생각을 할 수 없다. 동시에 여러 생각을 하는 것 같지만 엄밀히 따지고 보면 동시에 다른 생각을 할 수는 없다. 물질에 대한 욕심을 가졌을 때엔 그 물질에 대한 생각만 하고 있을 뿐이다. 따라서 물욕에 대한 생각은 짧게 끝내려 노력하고, 좋은 생각이 일면 그 생각을 오래 유지하려 노력해야 덕을 쌓을 수 있다.

선과 악이 동시에 일어나지 못하는 것처럼 물욕과 공동의 선을 위한 정의는 동행할 수 없다. 선이 악에 들면 모두 악으로 물들고, 악이 선에 들어와도 악일뿐이다. 본래 선이나 정의는 맑은 것이나 악이나 물욕은 색이므로 맑음이 색을 희석시키기는 어려워도 색이 맑음을 덮어 물들어기는 쉽다.

그러므로 항상 악이 선을 누르지 못하게 하고, 물욕이 정의를 덮지 못하도록 마음을 다잡아 노력해야 한다. 물욕이나 악으로 얻는 것은 짧게 사는 것이요, 선이나 정의를 지키는 것은 오래 빛나는 일이다.

18 마음을 화합하기

才智英敏者
재 지 영 민 자

宜以學問攝其躁
의 이 학 문 섭 기 조

氣節激昻者
기 절 격 앙 자

當以德性融其偏
당 이 덕 성 융 기 편

재주와 지혜가 영민한 사람은

조급함을 학문으로 다스려야 마땅하고,

기개와 정절이 격앙된 사람은

마땅히 덕성으로써 그 편벽함을 화합시켜야 한다.

수성修省

　　　　　　재주가 뛰어난 사람은 자신의 재주를 믿기 때문에 자신감이 넘쳐 어떤 일이 생기면 즉시 행동에 들어가기 쉽다. 그러한 성급함으로 일을 그르칠 수 있으므로 재주가 뛰어난 사람일수록 스스로를 경계해야 한다. 세상일이란 것이 그렇게 단순하지 않기 때문이다.

　명석한 머리를 가진 사람은 일을 잘 파악하기 때문에 경솔하게 행동하고 급하게 서두를 수 있다. 일을 파악하고 결단을 내리는데에 지나치게 빠르면 매사에 경박하고 조급하기 쉽다. 이런 사람은 학문을 널리 익혀 그 경박하고 조급함을 억제해야 한다.

　기개와 정절이 지나치게 강한 사람은 의기가 너무 강하여 매사에 고집이 세고, 성급한 판단을 하며 과잉반응하기 쉽다. 그것이 지나치면 사람들에게서 멀어지고, 스스로 아집을 갖기 쉽다. 이런 사람은 덕을 길러 그 편협하고 조급한 마음에 여유를 가져야 한다.

진실한 자신을 나타내기

雲烟影裡現眞身
운 연 영 리 현 진 신

始悟形骸爲桎梏
시 오 형 해 위 질 곡

禽鳥聲中聞自性
금 조 성 중 문 자 성

方知情識是戈矛
방 지 정 식 시 과 모

구름과 연기의 그림자 속에 진실한 자신을
드러내면

드디어 육신의 속박을 깨닫고,

짐승과 새들의 울음소리 속에서 자신의
성품을 들으면

결국 감정과 지식이 무기가 된다는 것을
알게 된다.

구름과 연기는 특별한 형체가 없어서 어디든 자유롭게 떠다닐 수 있다. 계곡을 가득 채우기도 하고, 물 위를 자유롭게 건너기도 하며 나뭇잎 사이를 자유롭게 드나들 수도 있다. 이것은 특별한 몸을 가진 것이 아니어서 자유롭기 때문이다.

우리 인간은 몸이라는 것을 가지고 있어서 자유롭게 움직일 수 없다. 특별한 형체를 가진 것은 그만큼 부자유스럽다. 우리의 정신도 물욕이나 명예욕으로 가득차면 더욱 부자유스러운 정신이 될 수밖에 없다. 자유로운 영혼을 가지려면 가급적 형체를 부드럽게 하거나 특별한 형체를 갖지 말아야 한다. 그 방법은 자신의 이러저러한 욕심을 줄이는 일이다.

우리는 조그만 새소리에도 능히 자기 성품의 소리를 들을 수 있다. 만일 이 이치를 안다면 의식이라는 것이 나를 해치는 창칼과 같다는 것을 깨달을 것이다. 의식이란 물욕과 망령된 심정이 가로막혀 서로 충돌하여 모든 번뇌를 일으키는 것이므로 이것은 마치 무기가 서로 부딪혀 사람을 상하게 하는 것과 같다. 그러므로 이것을 심상히 보아 넘기지 말고 그 현묘한 이치를 깨닫는다면 수양의 참다운 취미를 얻을 것이다.

 가정의 갈등을 해소하기

融得性情上偏私 성정이 사사로이 치우치는 것을 화합시키는 것
융 득 성 정 상 편 사

便是一大學問 이것이 바로 큰 학문이고,
변 시 일 대 학 문

消得家庭內嫌隙 가정의 갈등을 사라지게 하는 것
소 득 가 정 내 혐 극

便是一大經綸 이것이 바로 큰 경륜이다.
변 시 일 대 경 륜

아무리 많은 지식이 있어도 덕이 없으면 그는 사람다운 사람이 아니다. 아무리 건강한 신체를 가지고 있어도 덕을 갖추지 못하면 그는 건강한 사람이 아니다. 지식이나 건강보다 중요한 것은 덕을 갖추는 일이다. 지식이나 건강한 신체는 자신에게만 도움이 될 뿐 그대로 있으면 남에게 득이 되지 못한다.

　반면 덕은 자신에게는 득이 되지 못할지라도 본질적으로 덕은 탄생하는 순간부터 남에게 득이 되도록 생겨난 것이다. 따라서 덕을 갖추는 것이 참 사람의 길이다. 따라서 마땅히 덕을 쌓으려 노력해야 한다.

　또한 아무리 영리한 머리를 가지고 있으며, 유창한 말재주가 있다고 해도 가정을 바로 세울 수 있는 것은 아니다. 가정을 바로 세우는 힘은 지혜로운 자기 처신에 있으니, 지식은 노력하면 쉽게 얻을 수 있으나 경륜은 오랜 시간을 사유하며 성찰한 결과로 생기는 지혜라서 쉽게 얻을 수 없다. 가정을 바로 세우려면 영리한 머리보다는 경륜이 필요하며, 지식보다는 지혜를 갖추어야 한다.

21 시작을 중요시하기

人欲從初起處翦除　　사람의 욕심을 처음 시작하는 곳에서 잘라버리면
인 욕 종 초 기 처 전 제

便似新篘遽斬　　　　새로 돋아난 풀을 곧바로 뽑은 것과 같아서
변 사 신 추 거 참

其工夫極易　　　　　그 일이 매우 쉽고,
기 공 부 극 이

天理自乍明時充拓　　천리가 처음 밝혀질 때 그 이치를 스스로
천 리 자 사 명 시 충 척　깨달음을 넓히면

便如塵鏡復磨　　　　문득 먼지가 낀 거울을 다시 닦는 것과 같아서
변 여 진 경 부 마

其光彩更新　　　　　그 광채가 더 새롭게 된다.
기 광 채 갱 신

무슨 일이든 근본이 있다. 아무리 큰 강물이라도 그 물줄기를 따라 올라가보면 작은 샘에서 시작된다는 것을 알 수 있다. 아무리 하늘을 찌를 듯한 큰 나무라도 처음에는 아주 작은 들풀보다 작은 아기묘목에 불과했다. 이렇게 모든 것은 아주 작거나 아주 보잘 것 없는 것에서 시작된다.

사람의 욕심도 마찬가지이다. 작은 욕심이 자신에게 사사로운 이익을 가져다주면 거기에 재미를 얻게 되고, 더 큰 욕심을 부리게 되는 것이다. 그러므로 욕심은 작고 하찮은 것이라도 그 싹부터 잘라 없애려는 마음의 수양을 쌓아야 한다.

진리를 발견하는 것도 마찬가지이다. 작은 들풀 하나에서 그 속에 흐르는 물줄기를 발견할 수 있다면 사람 속에 흐르는 위대한 철학을 읽어낼 수 있다. 하찮은 것의 이치를 확실하게 알려 노력한다면 세상의 모든 지혜를 찾아내는 그 시작이 될 수 있다. 작은 지혜가 위대한 사상을 낳고, 위대한 도덕을 만들어 낼 수 있다.

아주 작은 이치를 발견하는 것은 세상 모든 이치를 발견하는 것의 시작이다. 작은 이치를 알고 나면 무엇을 보든 그 이치를 발견해 낼 수 있다.

22 스스로 깨닫기

事理因人言而悟者
사 리 인 인 언 이 오 자

有悟還有迷
유 오 환 유 미

總不如自悟之了了
총 불 여 자 오 지 요 료

意興從外境而得者
의 흥 종 외 경 이 득 자

有得還有失
유 득 환 유 실

總不如自得之休休
총 불 여 자 득 지 휴 휴

남의 말을 듣고서야 사리를 깨닫는 사람은

깨달음이 있어도 오히려 혼미함이 있으므로

자기 스스로 모두 깨달아 분명해지는 것만 못하다.

밖에서 흥취를 얻은 사람은

얻은 것이 있어도 오히려 손실이 있으므로

자기 스스로 모든 것을 얻어서 그치는 것만 못하다.

세상을 살아가려면 삶의 이치를 깨달아야 한다. 그런데 게으른 사람은 그런 이치를 깨닫는데 있어 다른 사람의 말에만 의존한다. 남의 말을 듣고 깨달은 세상의 이치는 진정한 자신의 것이 될 수 없다. 남의 차를 타고 다니기만 하는 사람은 다음에 자기 스스로 그 길을 찾지 못하지만 스스로 운전을 하여 길을 찾아간 사람은 다음에도 스스로 찾아갈 수 있다. 마찬가지로 세상의 이치도 스스로 깨우치는 사람이라야 자기 것으로 삼을 수 있다.

외부로부터 흥취를 얻은 사람의 경우도 마찬가지이다. 눈으로 보아서 아는 것이 내면에 안착되지 않으면 그것은 잠시 후 사라져버린다.

그러므로 세상의 이치를 깨달으려면 스스로 깨우치는 것이 좋으며, 몸이나 입이 즐거운 흥취라는 것도 겉으로만 좋으면 마음에 기쁨이 없으니 안으로부터 기쁨이 있도록 마음에 여유를 갖고 의무의 속박에 매이지 않고 자유로운 마음을 가져야 한다.

응수 應酬

일체의 사물을 접촉해서 상대함

1 마음을 잘 다스리기

淡泊之守
담 박 지 수

담박함을 지키는 것은

須從濃艷場中試來
수 종 농 염 장 중 시 래

마땅히 화려한 곳에서 시험해봐야 마땅하고,

鎭定之操
진 정 지 조

마음의 안정을 지키는 것은

還向紛紜境上勘過
환 향 분 운 경 상 감 과

오히려 복잡한 곳에서 따져봐야 한다.

不然
불 연

그렇지 않으면

操持未定
조 지 미 정

마음을 부리는 것이 일정치 않고

應用未圓
응 용 미 원

응용이 원만하지 못하며,

恐一臨機登壇
공 일 림 기 등 단

일단 어려운 처지가 닥치면

而上品禪師
이 상 품 선 사

선사처럼 고귀한 사람도

又成一下品俗士矣
우 성 일 하 품 속 사 의

또한 품위가 낮은 사람이 되고 만다.

사람은 분위기에 따라 변하기 쉽다. 고요한 산에 들어가 있는 사람은 모두 선한 사람으로 보인다. 하지만 그곳에 있을 때 본 사람이 전부가 아니다. 다른 번잡한 곳에 가면 그의 참모습을 발견하기 쉽다.

요컨대 산에서 착해 보이는 사람의 진가는 소란스러운 도시에서 시험해봐야 한다는 것이다. 조용한 때에는 그 몸가짐을 안정시키기 쉽지만 떠들썩하고 어지러울 때에는 생각이 번거로워 몸가짐을 안정시키기 어렵다.

바른 몸가짐을 알고자 하면 농염한 부귀 가운데서 시험해야 제대로 알 수 있다. 그렇게 시험했을 때 조금도 탐욕에 물들지 않는다면 이것이 진정 깨끗한 것이다.

반면 안정된 지조는 소란한 곳에서 살펴야 한다. 소란한 곳에서 반 점의 번거로움도 없으면 이것이 확실한 안정이다. 만일 그렇지 못하여 자체적으로 지조가 완전히 안정되지 못하고 응용이 원만하지 못한 사람은 한 번 농염한 처지에 놓이고 소란한 자리에 오르면 갑자기 지조를 지키지 못한다.

따라서 맑고 고요한 곳에서 맑은 마음을 지키고, 조용한 때에 몸가짐을 안정시키던 이른바 뛰어난 사람이라도 농염한 부귀 가운데에 있으면 탐욕이 생기고, 소란한 곳에서는 번거로움이 심한 하찮은 사람이 될 수 있다. 그런 사람이 되지 않으려면 늘 자신을 수양하는 일에 게으르지 말아야 한다.

2 좋고 싫은 것의 균형 맞추기

好醜心太明
호 추 심 태 명

좋고 싫은 마음이 너무 뚜렷하면

則物不契
즉 물 불 계

사물과의 관계가 좋지 않고,

賢愚心太明
현 우 심 태 명

현명하고 어리석은 마음을 너무 분명히 구분하면

則人不親
즉 인 불 친

다른 사람과 친해질 수 없다.

士君子
사 군 자

군자는

須是內精明而外渾厚
수 시 내 정 명 이 외 혼 후

모름지기 안으로는 정밀하고 환하게 하고 밖으로는 두텁게 합하여

使好醜兩得其平
사 호 추 양 득 기 평

좋고 싫음의 양단이 균형을 이루고,

賢愚共受其益
현 우 공 수 기 익

현우가 공히 유익함을 받게 한 뒤에야

纔是生成的德量
재 시 생 성 적 덕 량

마침내 어질게 헤아릴 줄 알게 된다.

'물이 너무 맑으면 고기가 놀지 않고, 사람이 몹시 잘 면 친구가 없다'는 말이 있듯이 아름다운 것을 사랑하고 추한 것을 미워하는 마음이 너무 뚜렷하면 사물에 대한 선택이 심해서 물건들이 따르지 않는다. 또한 어진 사람을 사랑하고 어리석은 사람을 미워하는 마음이 너무 분명하면 사람에 대한 선별이 심하여 모든 사람과 친화를 유지할 수 없다.

그러므로 안으로는 정밀하고 밝아 좋아하고 미워함을 분명히 알더라도 밖으로는 온화하고 관대하여 사람을 평등하게 대하는 후덕한 마음을 가져야 한다. 그렇게 하여 좋아하고 미워하는 마음의 균형을 유지해 잘나고 못난 사람들이 다 함께 그 이익을 얻게 되면 이것이 바로 일체의 백성과 사물을 생성하는 덕이 있는 넓은 마음이다.

3 실질을 앞세우기

士君子 사 군 자	군자가
濟人利物 제 인 이 물	사람을 구제하고 물질을 이롭게 할 때는
宜居其實 의 거 기 실	실질이 있어야 마땅하고
不宜居其名 불 의 거 기 명	명분이 자리 잡으면 안 된다.
居其名 거 기 명	그 명분이 자리 잡으면
則德損 즉 덕 손	덕이 손해를 입는다.
仕大夫 사 대 부	사대부가
憂國爲民 우 국 위 민	나라를 근심하고 백성을 위하려면
當有其心 당 유 기 심	성실한 마음을 갖는 것이 마땅하며
不當有其語 부 당 유 기 어	말을 앞세우면 안 된다.
有其語 유 기 어	말을 앞세우면
則毀來 즉 훼 래	오히려 비난이 돌아온다.

응수應酬

세상에 영향력이 있는 사람일수록 명분을 중요시하는 경향이 있다. 명분을 중요시하는 데에는 내심 명예욕이 있기 때문이다. 그런 사람은 구제를 하더라도 드러내놓고 하기를 원한다.

그러나 사람을 구제하거나 사물을 이롭게 함에 있어서는 마땅히 그 실제의 일을 행하는 것을 우선해야 하고, 절대로 그 명예를 얻으려고 해서는 안 된다. 그 명예를 얻으려고 하면 반드시 겸양의 덕이 손상되어 구제마저 빛을 잃는다. 구제가 아니라 가식이 될 뿐인 것이다. 또한 위정자가 국가를 근심하고 국민을 위하여 일하는 것은 당연한 일인데도 자기를 앞세워 돋보이려는 사람이 있다. 나랏일을 함에 있어서는 마땅히 마음으로써 할 뿐 말을 앞세우지 말아야 한다. 자기를 지나치게 내세우려는 욕망은 때로 이제껏 쌓은 공도 천하게 만들고, 어렵게 얻은 명예마저 하찮게 만들 수 있다.

감정을 다스리기

| 士君子之涉世 | 사람이 세상을 살면서 |
| 사 군 자 지 섭 세 | |

於人不可輕爲喜怒
어 인 불 가 경 위 희 로
기쁨과 화를 쉽게 드러내면 안 된다.

喜怒輕
희 로 경
기쁨과 화가 가볍게 드러나면

則心腹肝膽
즉 심 복 간 담
즉시 마음속을

皆爲人所窺
개 위 인 소 규
남들이 모두 엿보게 된다.

於物不可重爲愛憎
어 물 불 가 중 위 애 증
사물에 대해서는 지나친 애증의 감정을 드러내면 안 된다.

愛憎重
애 증 중
애증의 감정이 지나치게 드러나면

則意氣精神
즉 의 기 정 신
그의 정신세계는

悉爲物所制
실 위 물 소 제
사물에게 제압을 당한다.

응수應酬

현명한 사람은 일희일비하지 않고 스스로를 자제할 줄 안다. 반면 어리석은 사람은 자신의 표정 하나 제대로 관리하지 못한다. 세상을 현명하게 살려면 표정관리를 할 줄 알아야 한다.

지나치게 과잉반응을 하다보면 판단을 잘못할 수 있다. 그러면 화를 낼 일이 아닌데 이미 화를 내서 거두기 어려운 처지에 놓일 수 있다. 또한 눈에 비치는 세상에 대한 반응이 너무 빨라도 곤란하다. 아름다운 것을 보고 너무 빨리 좋아하거나 사랑에 빠졌다가 낭패를 보는 수가 있다.

반면 사람을 대할 때 즉시 미움이 앞서 미운 감정을 드러내면 사람을 잃을 수도 있다. 성급한 판단이나 과잉반응을 하는 사람이 일이나 사랑에 집착해 자신을 지키지 못할 수 있으니 늘 평상심을 유지하려 애써야 한다.

5 맑은 마음을 갖기

心軆澄徹
심 체 징 철

몸과 마음이 맑아

常在明鏡止水之中
상 재 명 경 지 수 지 중

늘 거울처럼 맑은 물과 같으면

則天下自無可厭之事
즉 천 하 자 무 가 염 지 사

세상에 스스로 싫은 일이 없으며,

意氣和平
의 기 화 평

의기가 화평하여

常在麗日光風之內
상 재 여 일 광 풍 지 내

언제나 봄날 따뜻한 바람과 같다면

則天下自無可惡之人
즉 천 하 자 무 가 오 지 인

세상에 스스로 미워할 만한 사람이 없다.

응수應酬

　　　　　　마음을 맑게 하고 행동을 바르게 한다는 것은 마치 맑은 물과 깨끗한 거울과 같다. 맑은 물이나 깨끗한 거울에는 물체가 선명하게 비춰진다.

　우리의 마음이 맑고 행동이 바르면 세상의 모든 대상은 고스란히 우리의 마음 거울에 그대로 비춰진다. 세상의 아름답고 추함이 그대로 우리 앞에서 드러나는 것이다. 물욕으로 마음을 어지럽게 하면 세상은 우리 앞에 잘 드러나지 않는다. 그러면 우리의 판단은 흐려질 수밖에 없고 세상을 바라볼 수 없다.

　맑고 깨끗한 물이 식물의 발육을 돕고 아름다운 꽃을 피우고 열매를 맺게 하듯이 우리 마음도 맑아야 자신을 이롭게 함은 물론 타인을 이롭게 할 수 있다. 독이 든 물은 식물을 죽이는 해로운 물이 된다.

　따라서 우리 마음을 맑게 유지하려 애쓰는 것이 당연하다. 그러려면 타인을 향해 항상 마음을 열고, 마음을 맑고 깨끗하게 지키려 노력해야 한다. 마음을 닫는 순간 우리는 편협한 고집을 갖게 된다.

6 시비를 구분하기

當是非邪正之交　　옳고 그름을 판단하려면
당 시 비 사 정 지 교

不可少遷就　　　　조금도 지체하지 말아야 한다.
불 가 소 천 취

少遷就　　　　　　조금만 늦어도
소 천 취

則失從違之正　　　올바른 판단을 할 수 없다.
즉 실 종 위 지 정

値利害得失之會　　이해득실의 때를 따질 때는
치 이 해 득 실 지 회

不可太分明　　　　지나치게 분명해선 안 된다.
불 가 태 분 명

太分明　　　　　　지나치게 분명하면
태 분 명

則起趨避之私　　　사리사욕에 치우치게 된다.
즉 기 추 피 지 사

응수應酬

삶에 있어 옳고 그름을 판단하는 눈을 갖추는 것이 우선 중요하다. 그러한 기준이 없으면 늘 시비를 가리는 데 주저하게 된다. 세상에 대한 기준과 철학이 있어야 옳고 그름의 판단이 가능하다.

자기 판단을 갖고 난 후에 시비를 가릴 일이 있다면 지체 없이 판단하여 결정해야 한다. 한 번 머뭇거리면 분명한 자기의 관점을 잃어 판단이 흐려질 수 있기 때문이다. 또한 자기 앞에 이해득실을 따질 기회가 생긴다면 너무 분명하게 따지려 들어서도 안 된다. 일일이 따지고 파고들어 가다보면 자기도 모르는 사이에 사리사욕에 빠질 수 있다.

시비를 가림에 있어 우선 정의를 가지려 노력할 것이며, 이해와 득실을 따짐에 있어서는 사욕에 빠지지 않도록 주의해야 한다.

마음의 중심을 가지기

操存
조 존

자신의 존재를 지키려면

要有眞宰
요 유 진 재

참된 주재인 마음의 중심을 바르게 해야 한다.

無眞宰
무 진 재

중심을 잡지 못하면

則過事便倒
즉 과 사 편 도

곧 일을 당해 문득 넘어지리니

何以植頂天立地之砥株
하 이 식 정 천 입 지 지 지 주

무엇으로 하늘을 받치고 땅에 지주를 세우겠는가?

應用
응 용

어떤 일을 행하려면

要有圓機
요 유 원 기

기틀이 원만해야 한다.

無圓機
무 원 기

원만한 기틀이 없으면

則觸物有碍
즉 촉 물 유 애

사물에 부딪칠 때마다 장애가 있으리니

何以成旋乾轉坤之經綸
하 이 성 선 건 전 곤 지 경 륜

무엇으로 하늘을 돌게 하고 땅의 경륜을 이룰 것인가?

응수應酬

하늘과 땅을 버티는 산을 지주라고 한다. 옛날 부주산이 천지를 떠받치고 있었다. 공공 씨와 대정 씨 간에 싸움이 벌어졌는데 공공 씨가 머리로 부주산을 받았다. 산은 무너졌고, 그 바람에 하늘이 기울어졌다. 그러자 여신 왜 씨가 오색돌을 갈아 무너진 곳을 메웠고, 여기서 지주라는 말이 생겼다.

사람이 자신을 지키고 수양을 쌓는 데에는 참마음의 중심이 있어야 한다. 참마음의 중심이 서지 못하면 일정한 뜻을 세울 수 없어 이리저리 흔들리고 산만해져서 무슨 일을 하든지 성공하지 못한다. 천지를 지탱하는 지주와 같이 굽히지 않고 흔들리지 않는 지조를 세우려면 심지가 굳어야 한다.

일을 행하는 데에는 원활한 기능이 있어야 한다. 그렇지 않으면 한쪽으로 치우칠 수 있어서 무슨 일을 하든지 장애가 생긴다. 그러므로 하늘과 땅을 흔들고 돌릴 만한 큰 경륜을 이루려면 원만한 기틀을 갖춰야 한다. 사람은 일정한 마음의 중심을 태산처럼 뚜렷이 세워야 어떤 난관이나 유혹을 만나더라도 조금도 변하지 않을 수 있다. 또 일을 행하는 데에는 원만한 기틀을 움직여 어떠한 사변을 만나더라도 장애가 없이 통달하도록 해야 한다.

8 남을 의지하지 않기

蒼蠅附驥 쉬파리가 말꼬리에 붙어서 다니면
창 승 부 기

捷則捷矣 빠르기는 하지만
첩 즉 첩 의

難辭處後之羞 남의 뒤나 따라다닌다는 수치는 피하기 어렵다.
난 사 처 후 지 수

蔦蘿依松 담쟁이가 소나무를 의지하여 자라면
조 라 의 송

高則高矣 높이 오를 수는 있지만
고 즉 고 의

未免仰攀之恥 남을 쫓아다닌다는 부끄러움을 면하기 어렵다.
미 면 앙 반 지 치

所以君子 그러므로 군자는
소 이 군 자

寧以風霜自挾 바람과 서리를 겪을지라도
영 이 풍 상 자 협

毋爲魚鳥親人 연못 속 물고기나 조롱 속 새 같은 사람과
무 위 어 조 친 인   가깝게 지내지 말아야 한다.

응수應酬

파리는 말꽁무니에 붙어서 하루에 천리를 간다면 빠르기는 하나 그것은 파리 스스로 움직인 것이 아니라 남의 힘으로 간 것에 불과하다. 그런 파리는 말꽁무니에 붙어 다니는 수치를 면하기 힘들다.

사람도 마찬가지이다. 남에게 의탁해서 이루는 공적이나 업적은 진정한 성취가 아니다. 때로 그것이 남을 속일 수는 있지만 자기 마음에 기쁨을 가지기는 어렵다. 마땅히 스스로 노력하여 작은 일이라도 이루는 것이 더 가치 있는 일이다.

담쟁이가 큰 소나무를 타고 올라가면 그 키가 높기는 하나 이것은 독립하여 자란 것이 아니라 남에게 의지해서 자란 것이므로 소나무에 기댄 부끄러움을 면치 못할 것이다.

사람도 구구하게 아첨하거나 비열하게 남을 속이거나 빌붙어서 출세하는 경우가 있다. 소인배가 자신의 자유를 버리고 노비와 같은 행동으로 세력 있는 자에게 아부하거나, 의리 아닌 영화를 도모하면 일시적인 욕망을 달성할 수는 있다. 하지만 그것은 파리가 말꽁무니에 붙고, 담쟁이가 소나무에 기생해 올라가는 것과 같은 수치를 씻을 수 없다. 그러므로 현명한 사람이 되려면 차라리 찬바람과 된서리 같은 가난과 난관을 몸소 견디어 송백(松柏)같은 기개를 보전하는 것이 당연하다.

9 성실한 마음으로 교제하기

使人有面前之譽
사 인 유 면 전 지 예

다른 사람을 면전에서 칭찬하는 것은

不若使其無背後之毀
불 약 사 기 무 배 후 지 훼

뒤돌아서 헐뜯는 일이 없는 것보다 못하며,

使人有乍交之歡
사 인 유 사 교 지 환

잠시 사람을 사귀며 즐거워하는 것보다

不若使其無久處之厭
불 약 사 기 무 구 처 지 염

오래 사귀어도 싫증이 나지 않는 것이 낫다.

입에 발린 칭찬은 비열한 일이다. 남이 듣기 좋으라고 면전에서 칭찬하고, 보이지 않을 때 헐뜯는 사람처럼 비열하고 가식적인 사람도 없다. 물론 달콤한 말에 속아 흔들리는 사람은 많다. 하지만 사람이라면 그런 가식과 비열의 옷을 벗어야 한다. 처음 만나 가식적인 방법으로 대하면 잠시의 기쁨은 얻을 수 있다. 그러나 가식은 실제로 그를 아끼는 것이 아니므로 오랫동안 함께 지내다 보면 반드시 싫증이 날 수밖에 없다.

따라서 거짓으로 잠깐 사귀어 기쁜 마음을 얻는 것은 서로에게 득이 되지 못한다. 오히려 사귐은 더디더라도 진정성을 갖추고 서로 이해하고 배려하며 우정을 쌓아야 오래 사귀어도 싫증나지 않는다.

10 어려움은 점차적으로 고치기

善啓廸人心者
선 계 적 이 심 자

남의 마음을 깨우쳐 가르치려면

當因其所明而漸通之
당 인 기 소 명 이 점 통 지

밝은 곳으로부터 차츰 소통하는 것이 마땅하니

毋强開其所閉
무 강 개 기 소 폐

억지로 막힌 곳을 뚫지 말아야 한다.

善移易風化者
선 이 역 풍 화 자

바람을 바꾸려는 자는

當因其所易而漸反之
당 인 기 소 이 이 점 반 지

쉬운 일로부터 차츰 되돌리는 것이 마땅하니

毋輕矯其所難
무 경 교 기 소 난

경솔하게 그 어려움을 바로잡으려 하면 안 된다.

아무리 어리석은 사람이라도 어느 정도 지혜로운 면은 있게 마련이다. 아무리 꽉 막힌 사람이라도 어느 정도 열린 구석은 있는 법이다. 남의 마음을 열어 그를 진정으로 현명해지게 하려면, 우선 그 사람의 밝은 면을 찾아내어 점차 밝음이 확산되게 해야 한다. 그 지혜가 막힌 곳을 억지로 열어 주려고 해서는 안 된다. 아무리 어두운 사람이라도 그 마음에 트인 곳이 있게 마련이니 트인 곳부터 점차 고치고 열어 주면 그 노력의 결과가 쉽사리 나타날 것이다.

만일 그 지혜가 닫혀져 있는 곳을 억지로 열고자 하면 그 효과를 얻기는커녕 역효과가 날 수 있다. 무지한 사람에겐 가장 쉽고 기본적인 것부터 가르쳐야 무지에서 점차 벗어날 수 있는 것처럼 작은 것 하나부터 깨우쳐주면 그의 전체가 밝아질 수 있다.

또 옛날의 습관을 고치고 새 법을 주창해서 일반의 풍습을 교화하려고 하면 사소하고 쉬운 일부터 개량하여 차차 어려운 일에 이르도록 해야 하며, 고치기 어려운 일을 억지로 바로잡으려는 것은 경솔한 일이다. 무엇을 고치든, 무엇을 바꾸든 작고 사소한 것에서 출발하고, 그 하나씩 고쳐나가는 것이 현명한 일이며, 또한 그것이 효과적인 일이기도 하다.

인내와 용서의 덕을 기르기

己之情欲不可縱
기 지 정 욕 불 가 종

자기가 바라는 뜻을 놓아버리지 말고

當用逆之之法
당 용 역 지 지 법

마땅히 이것을 어기는 방법을 사용하여

以制之
이 제 지

이를 제어하여야 한다.

其道只在一忍字
기 도 지 재 일 인 자

그 방법은 다만 '참을 인(忍)' 자에 있다.

人之情欲不可拂
인 지 정 욕 불 가 불

다른 사람이 바라는 뜻은 닦아낼 수 없으므로

當用順之之法
당 용 순 지 지 법

마땅히 도리에 따르는 방법을 사용하여

以調之
이 조 지

이를 조절해야 한다.

其道只在一恕字
기 도 지 재 일 서 자

그 방법은 다만 '용서할 서(恕)' 자에 있다.

今人皆恕以適己
금 인 개 서 이 적 기

그러나 사람들은 지금 모두 자기는
'용서할 서'를 따르고

而忍以制人
이 인 이 제 인

'참을 인'으로 남을 억제하고 있으니

毋乃不可乎
무 내 불 가 호

이에 옳은 일이라 할 수 없다.

욕망은 망둥이와 같아서 뛰쳐나가려는 작용이 강하다. 그대로 내버려두면 욕망은 자신의 삶 자체를 물들여 집착하게 만든다. 이 욕망이 무분별하게 커져서 삶 자체를 망치지 않게 하려면 욕망을 억제할 수 있어야 한다. 개인의 사욕을 커지도록 두면 공리를 배반하고 음란과 사악에 빠지기 때문이다. 그러므로 마땅히 인내함으로써 자기의 욕망을 억제해서 공리를 따라야 한다.

이와 반대로 남의 정욕을 거역해서는 안 된다. 남의 정욕을 거역할 것이 아니라 그것을 순종하는 방법으로 조화시켜야 한다. 그 조절하는 방법에는 오직 '용서할 서' 자가 있을 뿐이다. 왜냐하면 남의 정욕을 거역하면 인덕을 잃고 원한을 맺게 되기 때문이다.

자신의 욕망에는 '참을 인' 자를 기억하며 참아내야 하고, 남의 정욕에는 거역하기보다 용서할 수 있어야 한다. 그런데 우리는 때로 자신의 욕망을 용서하고 남의 정욕은 오히려 거역하여 덕을 잃고 비난을 받는 어리석음을 범한다.

# 이길 때와 질 때를 알기

好察非明
호 찰 비 명

옳고 그름을 잘 살피는 것이 현명한 것은 아니다.

能察能不察之謂明
능 찰 능 불 찰 지 위 명

잘 따질 때도 있고 그렇지 않을 때도 있는 것이 현명하다.

必勝非勇
필 승 비 용

반드시 이기려고만 하는 것이 용감한 것은 아니다.

能勝能不勝之謂勇
능 승 능 불 승 지 위 용

이길 수도 있고 그렇지 않을 수도 있어야 용감하다.

응수應酬

　　　　　지혜로운 사람은 세상 이치에 대해 제대로 알고 있는 사람이다. 사물에 대해 따질 것과 따지지 않을 것을 구별할 줄 안다. 옳고 그른 것을 따지는 것은 쉬운 일만은 아니다. 그 판단을 잘 할 수 있어야 지혜로운 사람이다. 따지기를 즐기는 것은 현명한 일이 아니다. 따질 것과 따지지 않을 것을 구별하여 따질 건 따지고 참을 건 참는 것이 현명하다.

　또 용맹이란 분한 마음을 품기 위해 적을 이기기도 하고, 욕됨을 참기 위해 자신을 이기기도 하는 것이다. 만약 화를 품고 욕을 참는 득실을 조절하지 못하고, 일시의 객기를 못 이겨 반드시 적을 이기려 한다면 이것은 큰 용맹이 아니다. 적을 이겨서 분함을 씻을 수 있고, 적을 이기지 못해도 욕을 참을 수 있는 것이 큰 용맹인 것이다.

　진정 현명한 사람은 따질 것을 구분할 줄 아는 사람이며, 용감한 사람은 분풀이로 상대를 제압하는 것이 아니라 때로는 욕을 참을 줄 아는 사람이다. 요컨대 현명한 사람은 자기 마음을 잘 조종할 수 있는 사람이다.

13 시류에 따라 살기

隨時之內善救時
수 시 지 내 선 구 시

때를 따라 시대를 바르게 구원하는 것은

若和風之消酷暑
약 화 풍 지 소 혹 서

바람이 무더위를 사라지게 하는 것과 같고,

混俗之中能脫俗
혼 속 지 중 능 탈 속

세속에 있으면서 세속을 잘 벗어나는 것은

似淡月之映輕雲
사 담 월 지 영 경 운

담박한 달이 가벼운 구름을 비추는 것과 같다.

응수應酬

혼탁한 세속에서도 능히 물들지 않고 속정에서 벗어나면 밝은 달빛이 엷은 구름에 비치는 것처럼 은연중에 그 색채를 어지럽히지 않고 순전히 아름다운 탈속의 도를 이룰 수 있다. 세상을 바꾸는 힘은 요란함이나 압박에 있는 것이 아니라 조용한 감화에 있으며 진정한 리더십에 있는 것이다.

따뜻한 바람이 불어오면 스스로 무거운 옷을 벗겨 자유를 얻는 것이지, 강한 바람이 그렇게 할 수는 없다. 오히려 강한 바람은 더 두툼한 옷을 껴입게 한다. 그러므로 온화한 성품을 가진 사람이 세상을 바꾸는 것이다.

14 세상의 이치를 파악하기

思入世而有爲者
사 입 세 이 유 위 자

세상에 들어가 일을 하려는 사람은

須先領得世外風光
수 선 령 득 세 외 풍 광

마땅히 세상 바깥의 요긴한 곳의 사정부터 먼저 알아야 한다.

否則
부 즉

그렇지 않으면

無以脫垢獨之塵緣
무 이 탈 구 독 지 진 연

홀로 혼탁한 세상의 때에서 벗어날 수 없다.

思出世而無染者
사 출 세 이 무 염 자

세상에 나와 물들지 않으려면

須先諳盡世中滋味
수 선 암 진 세 중 자 미

마땅히 먼저 세상의 맛을 깨달아야 한다.

否則
부 즉

그렇지 않으면

無以持空寂之苦趣
무 이 대 공 적 지 고 취

고요함을 갖지 못하고 괴로움에 다다른다.

세상에 났으니 사람답게 살며 뭔가 의미를 가지고 큰 포부를 가져야 한다. 한 번 주어진 세상에서 포부를 가지고 일하는 것은 당연하다. 세상에서 무엇인가 어떤 일을 하려하면 자칫 명예와 욕심과 환락에 빠지기 쉽다. 따라서 먼저 속세 밖의 맑고 고요한 상태를 깨달아 세속의 구애를 받지 말아야 한다. 만일 세상 밖의 상태를 깨닫지 못하면 혼탁한 세속의 모든 인연을 벗어나지 못한다.

또 세상살이에 물들지 않고자 하는 자는 먼저 세상에 뛰어 들어 물드는 재미를 모두 알아야만 그 물드는 것을 없앨 수 있다. 그러한 뒤에 비로소 세상 밖의 고요함에 들어가 여러 가지의 오염에서 벗어날 수 있다. 만일 세상 속의 재미를 맛보지 못하면 세상 밖의 고요함 또한 누리지 못한다.

번잡한 세상을 살아봐야 고요한 시간을 그리워하게 된다. 번거롭고 어지러운 세상 속에서 재미를 느끼지 못했으면 그는 고독감에서 벗어날 수 없다. 일을 몸소 겪어봐야 소중함을 알게 되고 그 가치를 발견할 수 있다.

시종일관 마음잡기

與人者
여 인 자

사람과 사귈 때

與其易踈於終
여 기 이 소 어 종

나중에 가서 쉽게 멀어지는 것은

不若難親於始
불 약 난 친 어 시

처음에 친하기 어려운 것만 같지 못하고,

御事者
어 사 자

일을 함에 있어서

與其巧持於後
여 기 교 지 어 후

나중에 가서 힘들여 지켜내기 보다는

不若拙守於前
불 약 졸 수 어 전

다소 서툴게 하더라도 처음에
신중한 것이 낫다.

응수應酬

세상에는 원칙이란 것이 있다. 이 원칙은 사람과 사람 사이 어디에든 있다. 친구를 사귐에도, 부부 사이나 부모자식 사이에도 지켜야할 기본 원칙이 있다. 모든 관계는 이 기본 원칙만 잘 지키면 원만한 관계가 유지되고 아름다운 삶을 살 수 있다.

그런데 남과 잘 사귀는 사람이 끝에 가서 멀어지는 것을 종종 볼 수 있다. 그렇게 되기 쉬운 것은 애초에 벗의 도리를 지키지 않고 아무렇게나 사귀었기 때문이다. 처음에는 친해지기 어려운 사람이지만 나중에 보면 오래 좋은 관계를 유지하는 사람은 벗의 지혜와 덕을 가리는 경솔한 교제를 허락하지 않기 때문이다. 이렇게 벗의 도를 가려서 사귀는 사람은 처음에는 친하기 어려우나 친해지면 뒤에 가서 좀처럼 소원해지지 않는다. 그러므로 사람과 빨리 친해졌다가 나중에 멀어지는 것은 처음에 친해지기 어려운 것만 못하다.

일을 처리하는 사람은 일을 마친 뒤에 구차하게 변명하는 경우가 많다. 원칙을 지키며 일을 시작했다면 설령 일처리가 늦어져도 그는 당당할 수 있다. 일처리가 늦더라도 원칙을 갖고 일하는 것이 실패를 줄일 수 있다.

16 이치를 잘 살피기

功名富貴
공 명 부 귀

공명과 부귀는

直從滅處
직 종 멸 처

곧 사라지는데

觀究竟
관 구 경

그 끝의 이치를 살펴보면

則貪戀自輕
즉 탐 련 자 경

탐하는 마음이 저절로 적어진다.

橫逆困窮
횡 역 곤 궁

재난과 곤궁도

直從起處
직 종 기 처

끝에서부터

究由來
구 유 래

깊게 따르다 보면

則怨尤自息
즉 원 우 자 식

원망하는 마음이 저절로 멀어진다.

아무리 명예를 드높여도 명예가 영원한 것은 아니며 많은 부를 축적해도 영원히 소유하는 것은 아니다. 궁극적으로 세상의 명예는 잠시 썼다가 벗어 놓는 모자와 같으며 재물이라는 것도 빌렸다가 세상에 놓고 가는 것이다. 그러니 세상을 살며 쌓을 것이 있다면 명예도 재물도 아닌 인격을 갖추며 사는 것이다.

이왕 세상을 살면서 마음이 기뻐야 할 것이니 가난하거나 부하거나 평정한 마음으로 살아야 한다. 뜻밖의 횡액이나 억울한 일을 당해도 평정심을 갖고 그것이 생긴 곳에서부터 원인을 알게 되면 하늘을 원망하고 사람을 탓하는 마음이 저절로 없어진다. 그러므로 공명과 부귀를 탐내고 욕심내지 말며, 횡액과 곤경을 당해도 원망하지 않는 평정심을 유지해야 한다.

17 세상을 넓게 보기

宇宙內事
우 주 내 사

세상의 일들은

要力擔當
요 력 담 당

온 힘으로 담당해야 하고

又要善擺脫
우 요 선 파 탈

때로는 거기에서 벗어날 줄도 알아야 한다.

不擔當
불 담 당

이것을 담당하지 못하면

則無經世之事業
즉 무 경 세 지 사 업

세상을 경영하는 사업도 없게 되고,

不擺脫
불 파 탈

이것을 벗어나지 못하면

則無出世之襟期
즉 무 출 세 지 금 기

세상을 초월하는 넓은 마음도 갖지 못한다.

사람은 우주의 일부이며 또한 하나의 소우주이다. 살아 있는 한 자기 역할을 잘 감당해야 한다. 사람은 누구나 소우주로서 이 대우주의 소명을 갖고 세상에 왔으니 마땅히 자기의 할 일을 찾아서 전력을 다해야 한다. 제 할 일을 못하는 것은 소명을 저버리는 것이니 더 이상 존재 가치가 없다.

불가능해 보이는 일이지만 그 일을 해내는 위대한 사람들은 자기 소명에 최대한의 열정을 쏟은 좋은 예다. 자기 할 일을 찾아 소명으로 여겨 최선을 다하는 삶이 가치 있는 삶이다.

18 여유로운 마음 갖기

待人 　　　　　　　　　　사람을 대할 때
대 인

而留有餘不盡之恩禮 　　여유를 가지고 은혜와 예의를 갖추면
이 류 유 여 부 진 지 은 례

則可以維繫無厭之人心 　끝없이 인심을 유지할 수 있다.
즉 가 이 유 계 무 염 지 인 심

御事 　　　　　　　　　　일을 처리할 때
어 사

而留有餘不盡之才智 　　여유롭게 재능과 지혜를 끝없이 갖추면
이 류 유 여 부 진 지 재 지

則可以隄防不測之事變 　예기치 못한 화를 막을 수 있다.
즉 가 이 제 방 불 측 지 사 변

응수應酬

　　　　　사람을 처음 만났을 때 대하는 것처럼 늘 그 마음을 유지해야 신뢰가 쌓인다. 처음엔 누구나 열의를 가지고 상대에게 잘 대해주지만 오래가지 못하고 서먹하게 대하는 경우가 많다. 그 보다는 처음에는 서먹하더라도 갈수록 은혜와 예의를 다하는 것이 지혜로운 일이다.

　처음에는 은혜를 베풀고 예의를 갖추었다가 뒤에 가서 계속 그렇게 하지 않으면 상대방은 다시 은혜와 예의를 입을 가망이 없음을 알고 물러가기 십상이다. 그러나 여유를 가지고 은혜와 예의를 남겨 둘 수 있다면, 영원히 남의 마음에 차도록 할 수 있다면, 남의 마음을 자신에게 매어 놓아 흩어지지 않게 할 수 있다.

　또 일을 수행함에 있어서 한꺼번에 재주와 지혜를 다 써버리고 여유가 없으면 다른 일에 대하여 재주와 지혜를 응용하지 못할 것이다. 그러나 만일 여유가 있다면 재주와 지혜를 계속 축적하여 둘 수 있어서 뜻밖의 일이 닥쳐와도 쉽게 실패를 면할 수 있다.

 즐거움의 함정을 벗어나기

仇邊之弩易避
구 변 지 노 이 피

원수가 쏘는 화살은 피하기 쉽지만

而恩裏之戈難防
이 은 리 지 과 난 방

은인이 던지는 창은 막기 어렵다.

苦時之坎易逃
고 시 지 감 이 도

고난의 구덩이는 피하기 쉽지만

而樂處之阱難脫
이 낙 처 지 정 난 탈

즐거움의 함정을 벗어나기는 어렵다.

응수應酬

　　　　　　세상에서 무서운 적은 앞에서 달려드는 적이 아니라 뒤에서 덤비는 적이다. 경계할 필요가 없는 적이나 가깝다고 여겼던 사람이 적으로 돌변했을 때 감당하기는 무척 어렵다.

　원수는 항상 해를 입히려 한다는 것을 알고 대비하기 때문에 그가 쏘는 화살은 피하기 쉽다. 그러나 은혜를 입은 사람의 마음속에 감추어진 날카로운 창은 확실히 알 수 없기 때문에 방어하기 어렵다.

　원수의 화살은 누구나 쉽게 알아보지만 은혜 속의 창은 잘 알아보지 못하는 것이다. 또한 남의 은총을 독차지할 때는 다른 사람의 시기와 질투를 받아 뜻밖의 참화를 당하기 쉽다. 고난의 구덩이는 피하기 쉬우나 즐거움의 함정은 벗어나기 어렵다.

　사람을 괴롭히는 고난은 이미 경계를 하고 있으며, 감당할 마음의 준비가 되어 있으므로 이에 버틸 힘이 있어서 그런 구덩이에 빠지지 않을 수 있다. 항상 근신하고 회피하려는 마음으로 죄악과 방탕에 빠지지 않으면 함정을 피할 수 있다.

# 의연하게 행동하기

落落者難合
낙 락 자 난 합

남과 어울리는 것이 힘든 사람은 화합하기 어렵지만

亦難分
역 난 분

또한 헤어지기도 어렵다.

欣欣者易親
흔 흔 자 이 친

남과 잘 어울리는 사람은 친해지기도 쉽지만

亦易散
역 이 산

또한 헤어지기도 쉽다.

是以君子
시 이 군 자

그러므로 군자는

寧以剛方見憚
영 이 강 방 견 탄

차라리 의연함으로 미움을 받을지라도

毋以媚悅取容
무 이 미 열 취 용

함부로 아부하여 기뻐하는 모습을 보이면 안 된다.

우리는 즐거움이나 기쁜 일에는 경계를 하지 않기 때문에 그 즐거움의 깊은 함정 속으로 빠져들기 쉽다. 나를 즐겁게 하는 향락, 기쁘게 하여 나를 어찌 할 바를 모를 정도로 나를 기쁘게 하는 명예와 권력, 이러한 것들은 즐겁기 때문에 쉽게 빠져든다. 그 함정에 빠지면 시간관념을 잃고 자신의 청춘이나 인생 자체를 잃을 수 있다.

그러나 문득 그 향락의 꿈에서 깨어났을 때는 모든 것은 사라지고, 함정에서 벗어날 수 없음을 깨달았을 때는 이미 늦은 것이다.

그러므로 노력도 기울이지 않고서 기쁨을 얻거나 은혜를 입는 것을 경계해야 한다. 이유 없는 쾌락은 없다. 교제하기 어려운 사람은 친해지기도 어렵지만 한 번 친해지면 신의를 지켜 경솔히 정의를 끊지 않기 때문에 또한 헤어지기도 어렵다. 이와 반대로 신의 없이 교제를 쉽게 생각하는 사람은 한때의 이해에 따라 쉽게 친해졌다가도 쉽게 헤어지기도 한다.

군자는 차라리 아첨하는 소인배에게 꺼림을 당하는 사람이 될지라도 아첨하는 자를 받아들여 스스로 뽐내는 사람은 되지 말아야 한다.

21 맑은 마음 갖기

意氣與天下相期 　　　　　의기는 천하와 함께 서로 기약하고
의 기 여 천 하 상 기

如春風之鼓暢庶類 　　　　봄바람이 모든 것들을 두드려 깨우는 것같이
여 춘 풍 지 고 창 서 류

不宜存半點隔閡之形 　　　마땅히 조금이라도 떨어지거나 닫혀서는 안 된다.
불 의 존 반 점 격 애 지 형

肝膽與天下上照 　　　　　마음은 천하와 함께 서로 비추고
간 담 여 천 하 상 조

似秋月之洞徹羣品 　　　　마치 가을 달이 모든 것들을 꿰뚫는 것처럼
사 추 월 지 통 철 군 품

不可作一毫曖昧之狀 　　　조금이라도 어두운 곳이 있어서는 안 된다.
불 가 작 일 호 애 매 지 상

응수應酬

　　　　　세상의 만물은 각기 하나이면서도 홀로 존재할 수 없다. 각각이 모여 전체를 이루고 있다. 여기서 어긋남이 있을 때 서로 반목하여 세상을 시끄럽게 한다.

　의기는 어느 한 쪽으로 치우치지 않고 융화하고 소통하여 세상 모든 사람과 서로 돕고 즐기기를 기약한다. 또한 의기는 봄바람이 시원하게 불어서 모든 생물을 깨우는 것처럼 조금도 막힘이 없게 해야 한다. 마음은 모든 사람과 서로 어울려야 하지만 맑은 가을달이 만물을 환히 비추는 것처럼 조금이라도 모호한 일이 없어야 한다.

　세상을 살맛나게 하는 것은 다른 사람이 아니라 나에게 달렸다. 나 스스로 공(共)존재임을 인식하고 더불어 살기 위해 상대를 먼저 배려하고 이해하면 세상은 마치 봄바람이 부는 것처럼 평온하고 살만한 세상이 된다. 상대가 먼저 밝고 맑게 사는 모습을 기대하기 전에 내가 먼저 맑고 밝은 사람이 된다면 세상은 늘 조용한 달밤처럼 평화로운 세상이 될 수 있다.

22 자연을 닮기

仕途雖赫奕
사 도 수 혁 혁

벼슬길이 비록 화려하게 빛나기는 하나

常思林下的風味
상 사 림 하 적 풍 미

항상 숲 속의 바람을 생각하면

則權勢之念自輕
즉 권 세 지 념 자 경

곧 권세에 대한 마음이 저절로 가벼워진다.

世途雖紛華
세 도 수 분 화

세상을 살아가는 길이 비록 어지럽기는 하나

常思泉下的光景
상 사 천 하 적 광 경

항상 물이 솟는 샘의 광경을 생각하면

則利欲之心自淡
즉 이 욕 지 심 자 담

곧 욕심을 좇는 마음이 저절로 맑아진다.

세상에서 명예를 얻고 권력을 얻으면 다른 사람의 칭송을 받아 인생이 화려해 보인다. 그렇다고 마음까지 평안하고 자유로운 것은 아니며 그 길이 행복한 것만도 아니다. 이때 오히려 자연을 돌아보면 권세에 매어 있는 자신을 발견하고, 권력의 부자유함을 깨닫게 된다.

신분이 높아진다 해도 항상 고결한 산림의 맛을 생각하면 그 생각이 맑아져서 권세를 좇는 생각이 자연 적어진다. 세상을 살아가는 일은 복잡하다. 때로는 세상은 나를 어려운 시련에 처하게도 한다. 다양한 사람들이 어우러져 있어서 그만큼 숨이 막힐 정도로 답답하기도 하다. 그럴 때 숲속 어딘가에서 퐁퐁 솟는 샘의 모습을 생각하면 이익을 좇아 번잡하던 마음이 맑아지고 세상에 걸었던 욕심이 저절로 사라진다.

# 열정적으로 살기

從熱鬧場中
종 열 료 장 중

시끄러운 열기가 있는 장마당에서

出幾句淸冷言語
출 기 구 청 냉 언 어

맑고 깨끗한 몇 마디의 말이

便掃除無限殺機
변 소 제 무 한 살 기

많은 살벌한 기운을 쓸어낸다.

向寒微路上
향 한 미 로 상

냉기가 도는 작은 길에서 느끼는

用一點赤熱心腸
용 일 점 적 열 심 장

한 점 심장의 뜨거운 열정은

自培植許多生意
자 배 식 허 다 생 의

많은 생각을 심어준다.

민초들이 모여 사는 인생의 장마당은 떠들썩해 보이지만 그 소란스러움에는 사람의 정이 배어 있다. 정이 있고 진실이 담긴 말들은 삭막한 세상에 부는 따뜻한 바람과도 같다.

반면 점잖은 척 논리적으로 말하는 이들이 모인 곳에서 흘러나오는 말들은 듣기에는 고상하고 그럴듯하지만 세상의 온갖 탐욕과 잡것들이 깃들어 있어 세상을 냉랭하게 만든다.

그러나 만일 가난하고 신분이나 지위가 낮은 처지에서 한 점의 붉고 뜨거운 정열을 발휘하여 용감히 나가 활동하면 절망과 낙심을 돌이켜 얼마든지 생기와 희망을 심어줄 수 있다. 그러므로 민초들의 마당에 있는 존재라면 진실한 열정을 품은 심장으로 세상을 위해 뛰어들 용기가 있어야 하고, 권세의 마당에 있는 존재라면 늘 자신의 마음을 다잡으려 힘써야 한다.

24 산처럼 단단하고 굳세게 하기

持身 지신	몸가짐을
如泰山九鼎 여 태 산 구 정	커다란 산과 솥처럼
凝然不動 응 연 부 동	굳건히 움직이지 않으면
則愆尤自少 즉 건 우 자 소	허물은 저절로 적어진다.
應事 응 사	일을 받아들일 때
如流水落花 여 유 수 낙 화	흐르는 물과 떨어지는 꽃처럼
悠然而逝 유 연 이 서	유연하게 하면
則趣味常多 즉 취 미 상 다	이로움이 많이 생긴다.

응수應酬

　　태산은 중국의 다섯 개의 명산(五嶽) 중의 하나이며, 구정은 우(禹)왕이 아홉 고을의 쇠을 모아 만든 큰 솥으로 매우 크고 무거워서 쉽게 옮기지 못한다. 태산은 늘 산으로 듬직하게 있어서 많은 사람들의 경외의 대상이 된다. 언제보아도 변함없는 모습을 보여주고 있다. 구정은 아주 큰 솥이어서 많은 어른이 함께 들어야 옮길 수 있다.

　사람도 자신의 몸가짐을 이 태산이나 구정과 같이 정중하고 의연하게 가져 경솔히 움직이지 않으면 낭패하는 과오가 저절로 적어진다. 가볍게 행동하고 대수롭지 않게 말하는 습성이 자칫 실수하게 만들고, 자신의 중요한 일을 망치게 하는 경우가 많으니, 태산을 닮아 사람들이 업신여기지 못하게 하는 모습을 보여주는 것이 좋으며, 구정처럼 때로는 입을 무겁게 하여 듬직한 모습을 보여주는 것이 좋다.

　또한 사물을 접할 때에는 흐르는 물처럼 막히지 않도록 하고, 지는 꽃처럼 우아하고 다정하고 여유롭게 일을 한다면 번거롭지 않고 혼란도 없이 항상 여유 있는 취미를 가질 수 있다.

# 늘 준비하는 자세로 살기

無事
무 사

일이 없을 때에도

常如有事時隄防
상 여 유 사 시 제 방

늘 할 일이 있을 때와 마찬가지로 준비하면

纔可以彌意外之變
재 가 이 미 의 외 지 변

뜻밖의 변이 닥쳐도 이를 막을 수 있다.

有事
유 사

일이 있을 때에는

常如無事時鎭定
상 여 무 사 시 진 정

늘 일이 없을 때와 마찬가지로 마음을
진정시키면

方可以銷局中之危
방 향 이 소 국 중 지 위

위험한 형편을 극복할 수 있다.

한가할 때에도 일이 있을 때처럼 준비하는 자세를 갖추며 살아야 한다. 한가할 때 전혀 준비를 하지 않으면 뜻밖의 일을 당했을 때 다급하여 어쩔 줄을 몰라 변을 막지 못한다.

 일이 없을 때라도 일이 있을 때처럼 미리 방비하면 뜻밖의 변을 막을 수 있다. 반면 일이 있을 때에는 일이 없을 때처럼 침착해야 한다. 일이 급하다고 허둥대다가는 자칫 일을 망칠 수 있다. 갑자기 일을 당해 허둥지둥 당황하여 올바른 처리를 하지 못하면 일 자체에서 해를 입을 수 있다.

 그러므로 한가할 때에도 게을리 하지 않고, 할 일이 있을 때를 준비하는 마음가짐은 긴장을 유지하고 머리를 냉정하게 한다. 한가한 때와 같이 안정시켜서 찬찬하게 행한다면 위기가 찾아와도 얼마든지 극복할 수 있다.

26 남을 도와주기

處世
처 세

而欲人感恩
이 욕 인 감 은

便爲斂怨之道
변 위 염 원 지 도

遇事
우 사

而爲人除害
이 위 인 제 해

卽是導利之機
즉 시 도 리 지 기

세상을 살아갈 때

나의 은혜에 감동하게 만들려면

원망을 걷을 줄 알아야 한다.

일이 닥쳤을 때

다른 사람의 해악을 제거해 주는 것은

내게 이익이 되도록 올바르게 이끄는 것이다.

응수應酬

　　세상을 살면서 은혜를 베풀어 남에게 은혜를 느끼게 하는 것은 은혜를 베푸는 것이 아니라 나에 대한 남의 원망을 거두는 일이다. 남에게 은혜를 베풀면 그는 내게 감사한 뜻을 표하고 원한을 품지 않는다. 요컨대 남에게 은혜를 베푸는 일은 곧 간접적으로 자기를 이롭게 하는 일이다.

　재해를 당한 사람의 어려움을 도와주는 것은 남을 위하는 일이지만 내게도 이익을 가져오는 계기가 된다. 남의 어려움을 없애주면 남이 또한 나의 어려움을 없애주기 때문이다. 묵묵히 남을 도우면 그 복은 당연히 내게 돌아오며, 다른 사람의 어려운 일을 해결해주면 나의 선행을 저축하는 것이다. 대가를 바라지 않고 한 일이지만 자연스럽게 돌려받게 된다.

군자와 소인을 구별하기

君子嚴如介石 군자는 바위처럼 엄하므로
군 자 엄 여 개 석

而畏其難親 친해지는 것의 어려움을 두렵게 생각하고
이 외 기 난 친

鮮不以明珠爲怪物 밝은 구슬을 이상한 물건처럼 여겨
선 불 이 명 주 위 괴 물

而起按劍之心 경계하는 마음을 내는 사람이 있다.
이 기 안 검 지 심

小人滑如脂膏 소인은 기름칠한 땅처럼 미끄럽고
소 인 활 여 지 고

而喜其易合 쉽게 합하기를 즐기기 때문에
이 희 기 이 합

鮮不以毒螫爲甘飴 해로운 독을 달콤한 엿으로 생각하고
선 불 이 독 석 위 감 이

而縱染指之欲 손가락으로 만지려고 한다.
이 종 염 지 지 욕

군자란 모름지기 마음이 바르고 기상이 엄격하다. 그래서 군자를 바라보면 우뚝 솟아 있는 바위처럼 믿음직하다. 그래서 군자와 친해지는 것을 어려워하고 두려움에 꺼려서 시기하고 해치려는 마음을 품는 자가 많다. 이는 좋은 구슬을 괴물로 잘못 알고 칼을 빼어 들어 물리치려 함과 같다.

소인은 알랑거리고 아첨하는 행동이 교활하다. 그래서 상대하기가 마치 기름처럼 부드럽다. 그런 까닭에 가까이 하기 쉬워서 좋아하며 친밀한 교제를 하다가 해를 당하는 수가 많다. 그것은 독사를 단 엿으로 잘못 알고 손으로 만지려는 것과 같다. 그러므로 교제할 때는 이 점을 깊이 생각해야 한다.

# 침착하고 진실하기

遇事
우 사

어떤 일을 만나도

只一味鎭定從容
지 일 미 진 정 종 용

다만 한결같이 침착한 모습을 유지하면

縱紛若亂絲
종 분 약 란 사

뒤엉킨 실처럼 어지러운 일도

終當就緖
종 당 취 서

결국 실마리가 풀린다.

待人
대 인

사람을 대할 때

無半毫矯僞欺隱
무 반 호 교 위 기 은

전혀 속임 없이 바르게 대하면

雖狡如山鬼
수 교 여 산 귀

비록 상대가 교활한 산귀신 같다 하여도

亦自獻誠
역 자 헌 성

스스로 정성을 바치게 된다.

응수應酬

　　　　　　아무리 일이 얽혀도 그 원인은 있게 마련이다. 한 타래의 실도 어딘가에 실마리가 있다. 실마리를 찾으면 얽힌 것은 쉽게 풀어진다. 무슨 일을 당하든 한결같이 마음을 가라앉혀 침착하게 순서를 밟아 처리하면 아무리 헝클어진 실과 같더라도 마침내는 순서대로 정리된다.

　남을 대할 때도 약간의 거짓과 숨김도 없이 진실하고 정당하게 상대하면 아무리 산귀신처럼 교활한 사람이라도 스스로 성의와 신의를 바칠 것이다. 사람들이 서로 진실하게 대하지 않기 때문에 서로 오해하고 불신이 쌓이며, 어지럽게 되는 것이다. 급할수록 차분하게 행동하고, 사람을 대할 때 진실로 대하면 세상은 평화로워진다.

따뜻한 마음 갖기

肝腸煦若春風　　마음이 따뜻하여 봄바람 같으면
간 장 후 약 춘 풍

雖囊乏一文　　비록 주머니가 비어 있는 가난한 처지라도
수 낭 핍 일 문

還憐煢獨　　홀로 외로운 사람을 측은히 돌아보며,
환 련 경 독

氣骨淸如秋水　　기골이 가을 물처럼 맑으면
기 골 청 여 추 수

縱家徒四壁　　네 개의 벽만 있는 가난한 집이더라도
종 가 도 사 벽

終傲王公　　왕공을 우습게 본다.
종 오 왕 공

진정한 부자는 많은 재물을 가진 사람이 아니라 자신의 것을 잘 나눌 줄 아는 사람이다. 자신이 소유한 것은 욕심덩어리에 불과하다. 재물이 남을 돕는 데 쓰일 때 그것이 세상을 이롭게 하는 재복(財福)이 된다.

봄바람처럼 온화하면 비록 가난하여 주머니에 한 푼의 돈이 없더라도 외롭고 의지할 곳이 없는 곤궁한 이를 불쌍히 여길 줄 알고 가진 것을 나눌 수 있다. 기개가 맑고 고상하여 깨끗한 물과 같이 한 점의 티끌도 없으면, 네 벽만 있는 가난한 집에 살더라도 왕공의 부귀를 부러워하기보다는 오히려 부귀를 찾아 헤매는 사람을 측은히 여기게 된다. 많은 재물은 쌓아두려 애쓰기보다 진정 마음의 부자가 되도록 힘써야 한다.

30 지나침을 염려하기

少年的人
소 년 적 인

젊은이는

不患其不奮迅
불 환 기 불 분 신

빠르지 못함을 염려하지 말고

常患以奮迅
상 환 이 분 신

항상 서둘러서

而成鹵莽
이 성 로 망

허점이 생기는 것을 걱정해야 하고

故當抑其躁心
고 당 억 기 조 심

마땅히 그 서두르는 마음을 자제해야 한다.

老成的人
노 성 적 인

늙은이는

不患其不持重
불 환 기 부 지 중

신중하지 못한 것을 염려하지 말고

常患以持重
상 환 이 지 중

항상 신중해서

而成退縮
이 성 퇴 축

위축되는 것을 걱정해야 하고

故當振其惰氣
고 당 진 기 타 기

마땅히 그 나태함을 털어버려야 한다.

응수應酬

젊을 때는 혈기왕성하여 무슨 일이든 열정적이고 서두르기 쉽다. 오히려 지나친 열정 때문에 매사에 빨리 반응하고 빨리 움직일 수밖에 없다. 젊을 때는 일이 더딜까 염려할 필요가 없다. 오히려 마음을 늦추고 신중할 필요가 있다. 그렇다고 너무 신중하게 움츠러들면 발전이 없다. 힘차게 나아가는 용기와 신중히 참는 힘을 고루 갖추어야 한다. 혈기가 왕성한 젊은이는 힘차게 나아가는 용기가 없을까봐 염려하지 말고, 용기가 지나쳐서 객기로 변해 실수할까 염려해야 한다. 그러므로 젊은이는 들뜬 마음을 버려야 한다.

반면 노쇠한 사람은 신중하지 못할 염려는 없다. 노인이 되면 매사에 열정이 줄어들고 패기가 없어지며 위축되기 쉽다. 위축되는 마음을 부추겨 용기를 내고, 열정을 살려 더 부지런히 움직여야 한다. 아무리 노인이라도 움직이는 만큼 기를 얻고 젊은이다운 열정을 회복할 수도 있다.

젊은이는 노인의 경륜을 배워 자중하는 법을 배우고, 노인은 늘 젊음의 패기를 잃지 않으려 애써야 마땅하다.

31 명예보다 진실을 추구하기

市恩
시 은
은혜를 베푸는 것은

不如報德之爲厚
불 여 보 덕 지 위 후
덕에 보답하여 두텁게 하는 것만 못하고,

雪忿
설 분
분한 마음을 씻어내는 것은

不如忍恥之爲高
불 여 인 치 지 위 고
부끄러움을 참는 고결함보다 못하다.

要譽
요 예
명예를 쫓는 욕심은

不如逃名之爲適
불 여 도 명 지 위 적
명예를 피하여 이르는 것만 못하고,

矯情
교 정
틀어진 감정은

不如直節之爲眞
불 여 직 절 지 위 진
고지식한 진심만 못하다.

사사롭게 작은 은혜를 베풀어 이익을 얻으려는 것은 은혜를 갚아 정의를 두텁게 하는 것만 못하다.

　큰 관점으로 이해득실을 돌아보지 않고 사소한 개인적인 분풀이를 하는 경솔한 행동은 한 때의 치욕을 참아 오랜 동안의 안녕과 영광을 얻는 깊은 생각만 못하다.

　또 명예를 바라는 욕심은 명망을 버리고 분수에 맞는 고상한 정취를 갖는 것만 못하다. 겉으로 나타내지 않는 속임과 거짓의 감정은 곧은 절개의 진실한 마음만 못하다.

32 신중하고 과감하게 살기

救旣敗之事者
구 기 패 지 사 자

이미 실패한 일을 되돌리려 하는 자는

如御臨崖之馬
여 어 임 애 지 마

벼랑 끝에 있는 말을 부리는 것과 같으므로

休輕策一鞭
휴 경 책 일 편

함부로 채찍을 휘두르면 안 되고,

圖垂成之功者
도 수 성 지 공 자

잘 되어가는 일을 하는 자는

如挽上灘之舟
여 만 상 탄 지 주

빠르게 흐르는 물을 거슬러 배를 타듯이

莫少停一棹
막 소 정 일 도

잠시도 노 젓기를 멈추어서는 안 된다.

이미 실패한 일을 되돌리려는 사람은 위험한 벼랑에 다다른 말을 채찍으로 부리는 것처럼 미련한 사람이다. 마음을 가다듬고, 경솔히 채찍을 가하지 않는 것처럼 해야 한다. 말이 벼랑 아래로 떨어진 것과 같은 이미 실패한 일을 억지로 되돌리려다간 자신의 인생 자체를 송두리째 잃을 수 있다. 이미 실패한 일을 되돌리려 함부로 행동하다가는 실패를 거듭하다 회복될 여지마저 없앨 수 있다.

그러므로 조심하고 서서히 도모하여 넘어지는 실수를 저지르지 말아야 한다. 또 거의 다 이루어진 일이라도 완전히 성공시키려면 급한 여울을 거슬러 올라가는 배가 한 순간도 노를 멈추지 않아야 하는 것처럼 긴장의 끈을 놓아선 안 된다. 급한 여울을 거슬러 올라가려면 끌어올리는 힘을 잠시도 멈추지 말고 계속해서 조금씩, 조금씩 나아가고 물러나지 말아야지 만일 한 번 노를 멈추면 그보다 더 아래로 더 내려가서 상류로 오를 수 없기 때문이다. 그러므로 거의 다 이루어진 일이라고 방심하지 말고 더욱 맹렬히 나아가 끝을 맺어야 한다.

33 진정한 자비를 베풀기

費千金 천금을 써서
비 천 금

而結納賢豪 현인호걸과 교제하는 것이
이 결 납 현 호

孰若傾半瓢之粟 만일 반 바가지 곡식을 끓여서
숙 약 경 반 표 지 속

以濟飢餓之人 굶주린 사람을 구제하는 것과 같으랴?
이 제 기 아 지 인

構千楹 천개의 기둥으로 지은 집에
구 천 영

而招來賓客 손님을 부르는 일이
이 초 래 빈 객

孰若葺數椽之茅 어찌 서까래 몇 개와 띠를 이은 누추한 집에
숙 약 즙 수 연 지 모

以庇孤寒之士 외롭고 가난한 선비가 살게 하는 것과 같으랴?
이 비 고 한 지 사

응수 應酬

화려한 향응을 제공했다가 구설수에 휘말리는 이들을 많이 볼 수 있다. 돈을 들여 호화로운 연회를 열고 혹은 귀한 선물을 하여 권력자를 접대하는 것, 그래서 그들과 사귀어 의를 맺는 것이 멋진 일이기는 하나 그것은 순전한 미덕이 아니다. 그것에는 사리사욕이 숨어 있기 때문이다.

많은 재물을 써서 현명한 사람과 권력자와 사귀어 의를 맺는 사치심과 의협심은 도리어 반 바가지의 좁쌀을 기울여 굶주린 사람을 구제하는 진실한 자비의 덕 만도 못하다. 또 천간의 큰 집을 지어 수많은 손님을 초대하고 대접하는 것도 훌륭하지만 여기에는 대개 위세와 허영이 따르고 또 한편으로는 이익을 도모하려는 속셈이 있으므로 이것은 올바른 자선이 아니다. 차라리 몇 개의 서까래에 풀을 덮은 집을 지어 의지할 데 없는 곤궁한 선비를 보전하여 측은히 여기는 마음이 진정한 자비이다.

그러므로 천간의 큰 집을 지어 많은 손님을 초대해서 위세와 명망과 이익을 도모하는 것이 도리어 두어 개 서까래에 풀을 덮어 외롭고 곤궁하게 사는 선비를 측은히 여기는 자선만 못하다. 많은 돈을 낭비하여 호탕한 놀이를 하면서도 굶주리는 이웃을 돌아보지 않는 부자는 반성해야 한다.

평의 評議

잘잘못을 살피어 의논함

1 적절하게 일하기

少壯者 소 장 자	젊은 사람은
當事事用意 당 사 사 용 의	모든 일에 당연히 준비가 있어야 하지만
而意反輕 이 의 반 경	오히려 그 뜻이 경솔하면
徒汎汎作水中鳧而已 도 범 범 작 수 중 부 이 이	물에 뜬 오리와 같으므로
何以振雲霄之翮 하 이 진 운 소 지 핵	어찌 하늘을 나는 큰일을 하겠는가?
衰老者 쇠 로 자	늙은이는
事事宜忘情 사 사 의 망 정	모든 일에 당연히 정을 잊어야 하는데
而情反重 이 정 반 중	오히려 정이 더하면
徒碌碌爲轅下駒而已 도 록 록 위 원 하 구 이 이	수레에 묶인 말과 같으므로
何以脫韁鎖之身 하 이 탈 강 쇄 지 신	어찌 묶인 고삐를 풀어 자유로울 수 있겠는가?

평의 評議

젊은이는 무슨 일을 당하든 용감히 나아가는 의기와 함께 일에 대한 주의를 기울여야 한다. 좁은 소견으로 그 일을 서두르면, 물결을 따라 움직이는 물오리와 같으니 세상 물정에 따라 작은 것에 족할 수 있다. 젊은이라면 날개를 펼쳐 하늘 높이 날아오르는 새와 같이 큰 포부를 가지고 일을 도모해야 한다.

또한 의기가 쇠하고 나이 많은 사람은 일마다 욕심을 버려야 한다. 욕심이 많다 보면 변변치 않은 소금수레를 끄는 약한 망아지처럼 세속의 굴레를 쓰게 된다. 그렇게 되면 물욕의 얽매임에서 벗어나지 못하고 속세에 갇혀 완전한 자유를 얻을 수 없다.

그러므로 젊은이는 일을 도모함에 있어서 너무 일을 서둘러 하지 않도록 해야 하고, 노인은 아무리 빨리 일을 하려 해도 바쁠 일이 없으니 그것은 염려할 바가 못 된다. 다만 너무 일을 늦추는 것이 아닐까하는 경계를 하는 것이 좋다.

2편 가르지 않기

萬境一轍　　　　　　모든 길은 하나로
만 경 일 철

原無地着箇窮通　　　원래 땅은 막히고 통하는 차이가 없으며
원 무 지 착 개 궁 통

萬物一體　　　　　　만물은 한 몸이니
만 물 일 체

原無處分箇彼我　　　원래 너와 나의 구분이 없다.
원 무 처 분 개 피 아

世人迷眞逐妄　　　　세상 사람들은 참을 멀리하고 거짓에 열중하니
세 인 미 진 축 망

乃向坦途上　　　　　이에 평평한 길을
내 향 탄 도 상

自設一坎坷　　　　　스스로 험하게 만들고
자 설 일 감 가

從空洞中　　　　　　비어 있는 동굴 속에
종 공 동 중

自築一藩籬　　　　　스스로 울타리를 만들어 쌓으니
자 축 일 번 리

良足慨哉　　　　　　참으로 탄식할 일이다.
양 족 개 재

평의評議

　　　　　　세상 모든 길은 아주 많고 복잡하지만 모두 막히지 않는 하나의 길이다. 길은 원래 막히고 통하는 차이가 없다. 또한 세상 모든 만물은 한 몸이니 세상을 벗어나 있는 것은 아무 것도 없다.

　너와 나도 원래는 하나인데 참을 멀리하면서 분리되어 생각하고 있을 뿐 그 원리는 하나로 남과 나의 구별이 없다.

　그러나 세상 사람들은 유일한 참 마음이 미혹되어 분별하는 망령된 생각을 가지고, 수레바퀴 자국이 나있는 탄탄한 길 위에 막히고 통하는 것을 구별하는 구덩이를 만들어 험하게 하고, 하나의 굴 안에 남과 나를 구별하는 울타리를 쌓는 어리석은 짓을 한다.

　원래 생긴 길 그대로 순리에 따라 길을 가는 사람이 어렵지 않게 길을 가듯이 자신의 삶의 길을 순리대로 가는 지혜를 가져야 한다.

3 자기의 중심을 잘 지키기

持身涉世 지 신 섭 세	세상에 의지하고 살아감에 있어서
不可隨境而遷 불 가 수 경 이 천	환경에 따라 자주 옮겨 다니면 안 된다.
須是大火流金 수 시 대 화 유 금	불이 쇠를 녹이지만
而淸風穆然 이 청 풍 목 연	맑은 바람과 같고,
嚴霜殺物 엄 상 살 물	서리가 풀을 죽이지만
而和氣藹然 이 화 기 애 연	부드러운 공기와 같고,
陰霾翳空 음 매 예 공	흙비가 온통 하늘을 가려도
而慧日朗然 이 혜 일 낭 연	슬기로움이 해처럼 밝고,
洪濤倒海 홍 도 도 해	큰 파도가 바다를 덮어도
而砥柱屹然 이 지 주 흘 연	지주가 우뚝 솟아 지탱하는 것과 같으니
方是宇宙內的眞人品 방 시 우 주 내 적 진 인 품	이러한 것이 우주의 참다운 인품이다.

평의評議

　　　　　무릇 군자는 마음의 중심을 잡는 것이 소나무가 단단히 뿌리를 내리고 있는 것과 같다. 소나무가 벼랑 끝에서 굳게 설 수 있는 것은 바위나 다른 식물들 뿌리들 사이사이로 자신의 뿌리를 단단히 박고 있기 때문이다.

　군자가 세상을 살아감에 있어서 이와 같이 외부의 환경에 따라 마음이 휘둘리지 않기에 군자란 이름을 얻는 것이다.

　불길이 맹렬하게 쇠를 녹이는 것처럼 번거롭고 답답한 일이 생겨도 부드럽고 맑은 바람과 같은 담담한 정조를 지녀야 한다. 늦가을의 찬 서리가 모든 생물을 시들어 죽게 하듯 애잔하고 근심거리가 생겨도 온화한 봄기운과 같은 평화로운 기상을 가져야 한다. 음침한 흙비가 맑은 하늘을 가려도 빛나는 해처럼 지혜로워야 한다.

　또한 군자는 파도가 큰 바다를 덮듯 온갖 물질이 세상을 뒤덮어도 기둥처럼 우뚝 솟아 하늘을 버티는 산처럼 심지가 굳어야 한다. 따라서 외부의 환경에 휘둘리지 않고, 자신의 심지를 곧게 하는 군자다운 인품을 갖추려 노력해야 한다.

4 자신부터 잘하기

作人要脫俗
작 인 요 탈 속

不可存一矯俗之心
불 가 존 일 교 속 지 심

應事要隨時
응 사 요 수 시

不可起一趨時之念
불 가 기 일 추 시 지 념

사람이 인격을 수양하기 위해서는 세속을
떠날 필요도 있지만

세속을 올바르게 고치겠다는 마음을 가져서는
안 된다.

어떤 일을 할 때는 시류를 따를 필요가 있으나

그 흐름에 무조건 추종하면 안 된다.

평의 評議

　　　　　　세속에서 벗어난다고 인품이 좋아지는 것은 아니다. 고상한 인격을 갖추는 것은 세상에 달려 있는 것이 아니라 마음 중심에 있다. 고상한 인격을 갖추려면 물론 세속적인 생각을 초월하여 속세에 물들지 말고 집착하지 말아야 한다. 세속의 흐름을 거슬러 억지로 고치려고 해서도 안 된다.

　만일 세속을 억지로 고치려고 하면 엉뚱한 행동을 하여 다른 사람의 시기를 받을 것이다. 일을 할 때는 그때그때 사정에 따라 행해야 한다. 그러나 시류에 따르려는 생각은 하지 말아야 한다. 만약 시류를 따르면 아첨하는 행동이 생긴다.

# 진실한 마음을 갖기

作人只是一味率眞
작 인 지 시 일 미 솔 진

蹤跡雖隱還顯
종 적 수 은 환 현

存心若有半毫未淨
존 심 약 유 반 호 미 정

事爲雖公亦私
사 위 수 공 역 사

올바른 사람이 되려면 다만 한결같이
진솔해야 한다.

진실이 있으면 아무리 종적을 감추더라도
곧 드러난다.

마음을 쓸 때 만약 조금이라도 깨끗하지
못하면

공정함이 있다 해도 개인의 감정이 들어간다.

평의 評議

좋은 인품과 진솔한 마음은 정비례한다. 늘 진솔한 마음을 간직하고 있으면 당장은 드러나지 않더라도 머지않아 사람들의 이목을 받으며 존중받는다. 그렇게 되면 비록 깊은 산, 험한 골짜기에 들어가 숨어 있어도 그의 덕과 명성은 세상에 널리 드러난다.

억지로 자기의 공적을 알리려 하면 그의 마음에는 사리사욕이 들어가게 마련이다. 그렇게 되면 그 욕심이 가만히 있지 않고 욕심을 부추겨 욕망의 노예로 만들어 버린다. 욕망의 노예가 되고 나면 진실을 추구하던 초심은 사라지고 공명심만 생겨서 무리수를 두는 일이 자연 늘어나게 마련이다. 그것이 인생을 실패로 사는 지름길이다.

마음을 수양하려면 온갖 욕망을 버려야 한다. 조금이라도 잡스런 욕망이 있으면 공적인 일을 해도 사사로운 정이 생긴다. 진실하고 맑은 품격을 길러야 잡스러운 생각을 하지 않을 수 있고, 자연 무슨 일이든 공평무사하게 처리하여 사람들의 칭송을 얻을 수 있다.

6 세상을 속이지 않기

貧賤驕人
빈 천 교 인

가난해도 자존심을 내세우는 것은

雖涉虛憍
수 섭 허 교

비록 허세라고 해도

還有幾分俠氣
환 유 기 분 협 기

오히려 작은 기상은 남지만,

英雄欺世
영 웅 기 세

재주가 뛰어나서 세상을 속이는 것은

縱似揮霍
종 사 휘 곽

설사 재능으로 빛날지라도

全沒半點眞心
전 몰 반 점 진 심

반점의 진실한 마음도 없다.

평의評議

비록 가난하게 살더라도 자신의 기개와 의지마저 꺾으면 안 된다. 사람의 됨됨이는 재물이나 권세에 있지 않다. 가난하거나 약자가 당당한 것은 교만이 아니다. 그것은 의지와 기개이다. 가난해서 비열해지는 것보다는 당당한 기개를 갖는 것이 나은 일이다.

그러나 재주가 남다른 사람이 자기의 재능을 빛내어 비록 대단한 유명세를 탄다고 해도 진실한 마음 없이 다른 사람을 속이면 그것이 바로 오만의 극치이다. 그러므로 약자는 기개를 가져야 하고, 재주가 뛰어날수록 겸손해야 한다.

7 비난하지 않기

毀人者不美 　　남을 비난하는 자는 좋지 않으나
훼 인 자 불 미

而受人毀者遭一番訕謗 　　비난을 받는 사람은 그때마다
이 수 인 훼 자 조 일 번 산 방

便加一番修省 　　더욱 자신을 반성하고 수양하여
변 가 일 번 수 성

可以釋惡而增美 　　잘못을 버리고 올바름을 더할 수 있다.
가 이 석 악 이 증 미

欺人者非福 　　남을 속이는 사람은 복을 받지 못하지만,
기 인 자 비 복

而受人欺者遇一番橫逆 　　당하는 사람은 나쁜 일을 당할 때마다
이 수 인 기 자 우 일 번 횡 역

便長一番器宇 　　인품을 더욱 키워
변 장 일 번 기 우

可以轉禍而爲福 　　화를 복으로 바꿀 수 있다.
가 이 전 화 이 위 복

어떤 일에도 남을 헐뜯는 것은 좋지 않다. 하지만 그것이 나를 향한 것이라면 그것에 민감하게 대응하며, 자신을 방어하려는 마음보다 솔직하게 자신을 돌아보아야 한다. 상대에게 그런 인상을 주었다면 나 자신에게 문제가 있다는 반증이다.

욕을 듣는 사람은 한 번 비난을 받을 때마다 자기의 잘못을 깨닫고 경계하여 반성해서 차차 잘못된 행동을 돌이켜 생각하면 전화위복이 되어 착하고 아름다움을 얻을 수 있다.

또한 남을 속이는 자는 복을 받지 못한다. 그러나 속임을 당하는 사람이 한 번 속고 나서 그것으로 굳게 단련되고 활달한 도량과 밝은 기상을 기르면 복이 될 수 있다. 남을 비방하는 사람은 어떤 경우에도 득이 될 것이 없지만, 욕을 듣는 사람이 반성할 줄 아는 겸허를 감추면 자기 수양에 좋은 기회를 만들 수 있다. 또한 죄를 진 사람은 어떻든 복을 얻지 못하지만, 피해를 당한 사람은 잘 깨달으면 전화위복의 기회를 가질 수 있다.

8 화와 복을 받을 때 주의하기

天欲禍人
천 욕 화 인

하늘이 사람에게 화를 내리고자 할 때에는

必先以微福驕之
필 선 이 미 복 교 지

반드시 먼저 작은 복을 내려 오만한 마음을 들게 한다.

所以福來
소 이 복 래

그러므로 복이 올 때에는

不必喜
불 필 희

먼저 기뻐하지 말고

要看他會受
요 간 타 회 수

다른 사정을 살핀 후에 받아들여야 한다.

天欲福人
천 욕 복 인

하늘이 사람에게 복을 내리고자 할 때에는

必先以微禍儆之
필 선 이 미 화 경 지

반드시 먼저 작은 재앙을 내려 경계한다.

所以禍來
소 이 화 래

그러므로 재앙이 왔을 때에는

不必憂
불 필 우

먼저 근심할 것이 아니라

要看他會救
요 간 타 회 구

다른 사정을 살핀 후에 해결해야 한다.

하늘이 사람에게 큰 화를 내릴 때에는 반드시 먼저 작은 복을 주어 그 마음을 교만하게 만든다. 그러므로 인간이 교만한 마음을 가지고 악한 일을 함부로 하면 반드시 예측하지 못한 큰 화를 입게 된다. 복이 올 때는 기뻐하지 말고 그 복이 어떤 것인지 잘 살펴 하늘의 뜻을 알아야 한다.

또한 하늘이 사람에게 큰 복을 내릴 때는 반드시 가벼운 화를 내려 마음을 경계하게 한다. 그러므로 화가 오더라도 근심하지 말고 화가 어떤 것인지 살펴 조심스럽게 행동해야 한다. 마음을 경계하여 조심하면 반드시 큰 복을 받게 된다.

그렇지 않고 작은 화를 당했다고 다른 사람을 원망하거나 신세나 한탄하면 복을 받지 못한다. 받을 복도 못 받는 사람은 원망이 많은 사람이다. 작은 복을 받을 때에는 늘 겸손하여 하늘의 사랑을 받으며, 늘 감사하는 마음을 가지고 화가 닥쳐도 순순히 받아야 한다.

진실한 이치를 깨닫기

琴書詩畵
금 서 시 화

거문고와 책, 시와 그림은

達士以之養性靈
달 사 이 지 양 성 령

선비를 활달하게 하지만,

而庸夫徒賞其跡像
이 용 부 도 상 기 적 상

범부는 그 겉모습만 본다.

山川雲物
산 천 운 물

산천의 만물은

高人以之助學識
고 인 이 지 조 학 식

고매한 사람의 학식을 높게 하지만,

而俗子徒玩其光華
이 속 자 도 완 기 광 화

속된 사람들은 그 광경만 즐길 뿐이다.

可見事物無定品
가 견 사 물 무 정 품

모든 물건 자체가 일정한 품격을 지닌 것이 아니라

隨人識見
수 인 식 견

사람이 보는 눈에 따라서

以爲高下
이 위 고 하

높아지기도 하고 낮아지기도 하는 것이다.

故讀書窮理
고 독 서 궁 리

그러므로 책을 읽어 이치를 구별할 때에는

要以識趣爲先
요 이 식 취 위 선

제일 먼저 그 참뜻을 깨달아야 한다.

거문고, 좋은 책, 아름다운 시, 훌륭한 그림, 이런 것들은 청아하고 한적한 취미가 있다. 도량이 넓고 활달한 선비는 이런 취미를 얻어 타고난 좋은 성품을 갖지만 속이 좁은 사람은 한낱 그 소리와 모양만을 본다.

또한 조용한 산, 졸졸 흐르는 냇물, 흐르는 구름, 이런 변화의 오묘한 이치를 보이는 것들을 대할 때 재주와 생각이 고상한 사람은 그 이치를 보고 학문과 지식을 닦는다.

반면 비열하고 속된 사람은 그 광채와 화려한 모습만 볼 뿐이다. 똑같은 것이라도 사리에 밝은 사람은 그것으로 마음을 함양하는 수양의 도구로 삼지만 속이 좁은 사람은 그것을 구경거리로만 본다.

이렇게 보면 사물에 어떤 품격이 있는 것이 아니라 보는 사람의 생각에 따라 높고 낮은 차이가 생기는 것이다. 그러므로 글을 읽을 때에는 참 이치를 깨달아야 한다.

10 매이지 않는 생활하기

人生只爲欲字所累　　인생은 욕심에만 매여 있으면
인생지위욕자소루

便如馬如牛　　말이나 소처럼
편여마여우

廳人羈絡　　끌려가는 대로 움직이는
청인기락

爲鷹爲犬　　매나 개처럼
위응위견

任物鞭笞　　채찍에 맡기게 된다.
임물편태

若果一念淸明　　만약 오로지 맑은 마음으로
약과일념청명

淡然無欲　　아무런 욕심이 없으면
담연무욕

天地也不能轉動我　　천지도 또한 나를 부리지 못하고
천지야불능전동아

鬼神也不能役使我　　귀신도 또한 나를 부리지 못한다.
귀신야불능역사아

況一切區區事物乎　　더구나 구구절절한 모든 것이 문제인가!
황일절구구사물호

평의 評議

　　　　사람이 물욕에 집착하다 보면 거기에 얽매어 욕심의 노예가 되기 쉽다. 그렇게 되면 사람이 마음대로 부리는 소나 말처럼 욕심에 이끌리게 된다.

　편한 것만을 추구하여 게을러진다면 게으름의 노예가 되어 주인이 먹을 것을 주면 졸졸 따라다니는 개나 매처럼 노예로 전락한다.

　사람을 노예로 가장 잘 부리는 것이 바로 욕심이다. 욕심을 이길 때 사람은 자유를 얻는다. 만약 마음이 깨끗하여 밝고, 성품이 침착하고 욕심내지 않으면 하늘과 땅도 나를 움직이지 못하고 귀신도 나를 부리지 못한다. 하물며 모든 사물이 어떻게 나를 매어 부리겠는가!

진정한 자신을 찾기

鶴立鷄羣　　　　　　학이 닭의 무리에 있으면
학 립 계 군

可謂超然無侶矣　　　초연하여 달리 보이지만
가 위 초 연 무 려 의

然進而觀於大海之鵬　큰 바다에 나가 붕새를 보면
연 진 이 관 어 대 해 지 붕

則渺然自小　　　　　눈에 보이지 않을 만큼 작을 것이고
즉 묘 연 자 소

又進而求之九霄之鳳　하늘을 나는 봉새와 같으려면
우 진 이 구 지 구 소 지 봉

則巍乎寞及　　　　　매우 높아 따르지 못할 것이다.
즉 외 호 막 급

所以至人常若無若虛　그러므로 진실한 인격자는 항상 무와 허 같아서
소 이 지 인 상 약 무 약 허

而盛德多不矜不伐也　덕이 높아도 자랑하지 않는다.
이 성 덕 다 불 긍 불 벌 야

학이 닭의 무리 가운데에 있으면 그 긴 다리와 높은 목 덕분에 우뚝하고 크게 드러나 닭과 비교되지만, 큰 바다에 있는 붕새와 견주면 학은 비교할 수 없을 만큼 아주 작다. 붕새는 길이가 몇 천리인지 알 수 없을 정도로 크지만 붕새도 더 나아가 넓은 하늘 위에 있는 봉황과 비교하면 봉황이 하도 높고 커서 도저히 그에 따르지 못한다.

인간 세상도 이와 같아서 작은 것 아래에 더 작은 것이 있고 큰 것 위에 더 큰 것이 있다. 아무리 훌륭하고 높은 재덕과 학식이 있어도 스스로 만족하고 교만하지 말아야 한다. 궁극의 도에 이른 사람은 항상 재덕이 전혀 없는 것 같고 마음이 비어 있는 것 같아서 자아를 초월한 경지에 이른다. 덕이 높은 사람은 자신의 공과 재능을 스스로 자랑하지 않는다.

12 까닭이 있음을 알기

蛾撲火
아 박 화

나방이 불에 뛰어들면

火焦蛾
화 초 아

불은 나방을 태우니

莫謂禍生無本
막 위 화 생 무 본

"본래 불행이 싹트는 것이 없다"고 이르지 말아야 한다.

果種花
과 종 화

열매를 심어 꽃을 피게 하면

花結果
화 결 과

그 꽃에서 다시 열매를 맺는 법이니,

須知福至有因
수 지 복 지 유 인

그러므로 마땅히 복이 오는 것에도 까닭이 있음을 알아야 한다.

좋아하는 것이라고 나에게 잘 어울리거나 내 것이 되는 것은 아니다. 내가 좋아하는 것이 독이 될 수도 있다. 불나방은 불이 좋아 불에 가까이 가지만, 불은 여지없이 나방을 태워버린다. 불나방이 타서 죽은 것은 불을 좋아한 것이 원인이 되어 생기는 것이니 재앙의 근본이 없다고 말할 수 없다.

사람에게 닥치는 재앙도 이와 같아서 자기가 악의 근본을 심거나 가까이 해서 생기는 것이다. 사람이 복의 열매를 맺은 것은 복의 씨를 심었기 때문에 생기는 것이니 복의 원인이 있는 것을 알 수 있다.

화를 심으면 내 속에서 화가 자라고, 복을 심으면 내 속에 복이 싹튼다. 그러므로 복이 될 것과 화가 될 것을 구분하여 가까이 하거나 멀리하는 지혜가 필요하다.

13 함부로 구별하지 않기

秋蟲春鳥
추 충 춘 조

가을의 벌레와 봄의 새는

共暢天機
공 창 천 기

모두 자연의 이치를 펼치는데

何必浪生悲喜
하 필 낭 생 비 희

어찌하여 사람은 슬픔과 기쁨을 일으키는가?

老樹新花
노 수 신 화

늙은 나무와 새로 피는 꽃은

同含生意
동 함 생 의

똑같은 생명의 뜻이 있는데

胡爲妄別媸姸
호 위 망 별 치 연

어찌하여 추함과 아름다움을 망령되이 구별하는가?

평의評議

　　　　　　가을벌레가 울고 봄새가 지저귀는 것은 모두 천부의 성질을 그대로 보이는 것이다. 그런데 왜 가을벌레의 우는 소리를 들으면 슬픈 생각을 하고, 봄새의 지저귀는 소리를 들으면 기쁜 마음으로 자연의 이치를 구별하는가? 또한 억세고 모진 고목과 부드럽게 새로 핀 꽃은 모두 살려는 의욕을 가지고 있을 뿐인데 고목을 보고는 추하다하고, 새로 핀 꽃을 보고는 아름답다며 망령되이 추하고 아름답다고 구별하는가?

　그러므로 편견을 가지고 사물을 보거나 사람을 대하지 말아야 한다. 인상이 좋은 사람을 가까이 지내려하지만 그 속에는 악이 있을 수도 있고, 인상은 고약하나 그 사람의 마음은 비단결처럼 고울 수도 있다. 객관적으로 사람과 사물을 보고 판단할 수 있어야 한다.

14 큰 마음으로 보기

物莫大於天地日月
물 막 대 어 천 지 일 월

천지일월보다 큰 물질은 없다.

而子美云
이 자 미 운

그러나 두자미는

日月籠中鳥
일 월 농 중 조

"해와 달은 새장 안에 있는 새와 같고

乾坤水上萍
건 곤 수 상 평

하늘과 땅은 물위의 부평초와 같다"고 말했다.

事莫大於揖遜征誅
사 막 대 어 읍 손 정 주

인간의 일에 있어서는 천하를 얻고 사람을 죽이는 것보다 큰일은 없다.

而康節云
이 강 절 운

그러나 소강절은

唐虞揖遜三杯酒
당 우 읍 손 삼 배 주

"당우의 읍손은 석 잔의 술과 같고

湯武征誅一局棋
탕 무 정 주 일 국 기

탕무의 정주는 한 판의 바둑과 같다"고 말했다.

人能以此胸襟眼界
인 능 이 차 흉 금 안 계

사람이 능히 그 흉금과 안목으로

呑吐六合
탄 토 육 합

우주를 삼켰다가 토해내고

上下千古
상 하 천 고

옛적을 오르내린다면

事來如漚生大海
사 래 여 구 생 대 해

무슨 일이 닥쳐도 바다에 거품이 일어나는 것과 같고

事去如影滅長空
사 거 여 경 멸 장 공

일이 떠나도 허공에서 그림자가 사라지는 것과 같아서

自經綸萬變
자 경 륜 만 변

경륜이 무수히 변하는 것 같아도

而不動一塵矣
이 불 동 일 진 의

먼지 하나도 움직이는 것이 아니다.

평의 評議

세상에 아무리 물건이 많아도 그것은 세상 안에 있으며, 아무리 높은 산이 있어도 하늘 아래에 있으니 천지일월보다 더 큰 것은 없다. 그런데 당나라 두자미는 "해와 달이란 새장 안에 든 새요, 천지는 물 위에 뜬 부평초"라고 했다.

다른 사람의 눈에는 천지일월이 매우 크게 보이지만 두자미의 눈에는 끝없이 넓고 아득한 우주 안을 배회하는 해와 달이 마치 새장 안의 작은 새처럼 보인 것이다. 소강절은 천지의 공간을 돌아다니는 것이 마치 물 위에 떠 있는 부평초와 같아 보인 것이다.

또 인간의 일에는 천하를 내주고 받으며 나라를 정복하고, 사람을 죽이는 것보다 더 큰 일은 없다. 송나라 소강절은 "당우의 읍손은 석 잔의 술이요, 탕무의 정주는 한 판의 바둑이다"고 했다. 당우의 읍손이란 요임금이 순임금에게 천하를 양보하고 다시 순임금이 하나라 우왕에게 황제의 자리를 물려준 것을 말한다. 탕무의 정주란 은나라 탕왕이 하나라 걸왕을 내쫓고, 주나라 무왕이 은나라 주왕을 토벌한 일을 말한 것인데, 평범한 인간의 생각에는 읍손과 정주를 매우 중대한 일로 생각하지만 소강절의 생각에는 요순의 읍손은 마치 석 잔 술을 주고받는 것이고, 탕무의 정주는 마치 한 판의 바둑 내기라는 것이다.

사람이 이처럼 큰 생각과 넓은 안목으로 천지사방의 넓은 공간을 삼키고 뱉으며 영원한 시간을 오르내리며 치우치거나 막히는 것이 없으면 어떤 일이 닥쳐도 큰 바다에 물거품이 생기는 것과 같고, 일이 끝나 없어져도 넓은 그림자가 사라져 없어지는 것과 같다. 따라서 어떤 일이나 어떤 경우에도 조금도 거리낌 없이 집착하지 않으면 아무리 사업의 경륜이 변한들 본연의 성품은 전혀 동요하지 않는다.

# 여유롭고 너그럽게 살기

大烈鴻猷 큰 업적은
대 열 홍 유

常出悠閑鎭定之士 항상 여유롭고 침착한 사람에게서 이뤄지니
상 출 유 한 진 정 지 사

不必忙忙 평소에 조급할 필요가 없다.
불 필 망 망

休徵景福 좋은 징조와 복은
휴 징 경 복

多集寬洪長厚之家 너그럽고 후한 집에 많이 모이니
다 집 관 홍 장 후 지 가

何須瑣瑣 어찌 세세한 것까지 따질까.
하 수 쇄 쇄

큰 업적을 이룬 적이 있는 사람은 몹시 어려운 일을 당해도 당황하여 허둥거리는 일이 없이 침착하고 세밀하게 행동한다. 경륜이 많은 사람은 갑작스럽게 곤란한 일을 당해도 침착하게 잘 처리하여 더 큰일을 이룰 수 있다. 그러므로 평소에 당황하고 조급하게 굴어 여유와 안정을 잃는 일이 없어야 한다. 조급하고 경솔한 사람은 깊은 지략과 원대한 생각이 없어 큰일을 이루지 못한다.

또한 덕과 도량이 넓고 인품과 태도가 따뜻한 사람은 남의 잘못을 관대하게 용서하며 남의 곤궁과 위급한 일을 구제하여 자비로움이 가득하다. 그런 사람은 좋은 징조와 큰 행복을 이룰 수 있다.

반면 번거롭고 속이 좁은 사람은 항상 시기와 원망이 끊이지 않아 복이 오지 않는다.

그러므로 복을 받으려면 남을 원망하거나 불평하지 말고, 감사의 마음과 넓은 마음으로 매사에 임해야 한다.

16 역경을 받아들이기

衆人以順境爲樂 평범한 사람은 순탄한 환경에서 기쁨을 갖지만
중 인 이 순 경 위 락

而君子樂自逆境中來 군자는 역경 속에서 기쁨을 찾고,
이 군 자 락 자 역 경 중 래

衆人以拂意爲憂 평범한 사람은 뜻대로 되지 않으면 근심하고
중 인 이 불 의 위 우

而君子憂從快意處起 군자는 뜻대로 잘 되는 곳에서 근심을 찾는다.
이 군 자 우 종 쾌 의 처 기

蓋衆人憂樂以情 평범한 사람의 근심과 즐거움은 감정에 따라 흔들리지만,
개 중 인 우 락 이 정

而君子憂樂以理也 군자의 근심과 즐거움은 이치에 있다.
이 군 자 우 락 이 리 야

근본적으로 세상엔 순조로운 일보다는 곤란한 일들이 많다. 순조로운 일만을 기뻐하고 바라는 사람은 행복하지 못하다. 순조로운 일을 만나 기뻐하는 것은 누구나 할 수 있다.

역경 속에서도 삶에 만족하며 행복하게 사는 것은 아무나 할 수 없다. 평범한 사람의 근심과 즐거움은 사사로운 정에서 생기고, 군자의 근심과 즐거움은 떳떳한 도리에서 생긴다. 감정에 따라 이리저리 흔들리는 사람은 자기 마음을 다잡지 못해 어떤 일이든 이루기 어렵지만 군자는 슬픔과 기쁨을 이치에 근거하여 흔들리지 않아 언제나 담담하다.

아무리 어려운 일을 당하더라도 그 어려움 속에 기쁨을 찾으려는 마음을 가지고 살아야 언제나 행복할 수 있다. 어떤 상황에서도 당당하고 떳떳하게 살려 노력해야 늘 행복하고 군자다운 삶을 살아갈 수 있다.

 마음을 닦기

貧士肯濟人
빈 사 긍 제 인

가난한 사람이 구제를 즐기는 것은

纔是性天中惠澤
재 시 성 천 중 혜 택

올바른 성품의 혜택이고

鬧場能學道
요 장 능 학 도

시끄러운 곳에서 도를 배우는 것은

方爲心地上工夫
방 위 심 지 상 공 부

마음의 바탕에서 이뤄지는 공부이다.

평의 評議

부자가 가난한 사람을 구제하는 것은 어려운 일이 아니다. 물론 남을 돕는 일은 어떤 경우에도 좋은 일이다. 그런데 가난한 사람이 가난한 사람을 구제하는 것은 쉬운 일이 아니다. 그것은 자신의 생명의 일부를 나누는 것과 같은 인자한 천성이 있어야 한다.

조용한 곳에서 도를 배우는 것은 쉽고 좋은 공부이지만 이것은 주변 환경의 도움이 큰 것이다. 그런데 소란한 가운데서 도를 배우는 것은 주변 환경 때문이 아니라 오로지 독실한 마음이 있어야 하기 때문에 어려운 일이다.

가난하면서도 남을 돕는 마음처럼 아름다운 것이 없으며, 시끄러워 공부할 분위기가 아님에도 공부를 하는 것처럼 군자다운 일도 없다. 군자는 모름지기 가난하면서도 남을 도울 줄 알고, 공부할 여건이 아님에도 공부할 줄 알아야 한다.

한적 閑適

한가하게 유유자적함

1 웃으며 살기

東海水
동 해 수

동해의 물은

曾聞無定波
증 문 무 정 파

일찍이 파도가 일정하지 않다고 들었으니

世事何須扼腕
세 사 하 수 액 완

어찌하여 세상일에 성내고 분해하며
주먹을 쥐어 보이랴?

北邙山
북 망 산

북망산에는

未省留閒地
미 성 유 한 지

비어 있는 땅이 없다고 하니

人生且自舒眉
인 생 차 자 서 미

인생 또한 이마를 펴고 살아야 한다.

한적閑適

동해의 물은 수시로 변한다. 수없이 파도가 일었다가 고요해지곤 한다. 일정한 파도도 없다. 인간 세상의 사고도 이와 같다. 나라가 망하고 흥하기를 수없이 반복된다. 큰 역사의 관점에서 보면 생겨난 나라가 얼마나 많으며, 사라진 나라는 얼마나 많던가? 수없이 반복되는 연속일 뿐이다.

그런데 어찌 세상일에 한때 세를 얻었다고 해서 교만을 부리며 힘자랑을 할 것인가? 또한 북망산에는 수많은 무덤이 서로 맞닿아 있어 아직 장사 지내지 않은 빈 땅이 없으니 인생이란 끊임없이 태어나고 수없이 소멸되어 간다.

누구나 한 번은 태어나고 한 번은 죽는다. 우리가 살아 있는 동안은 우주의 관점에서 보면 찰나에 지나지 않는다. 그러니 마땅히 근심으로 찡그린 이마를 펴고 활기차게 스스로 즐겨야 한다.

2 만물의 이치를 깨닫기

吾人適志於花柳爛熳之時
오 인 적 지 어 화 류 란 만 지 시

사람이 꽃과 버들이 흐드러지게 빛날 때

得趣於笙歌騰沸之處
득 취 어 생 가 등 비 지 처

악기와 노랫소리가 있는 곳을 찾아
즐거움을 얻으면

乃是造化之幻境
내 시 조 화 지 환 경

이에 마음이 바뀌어 미혹의 지경이 되고

人心之蕩念也
인 심 지 탕 념 야

방탕한 마음이 된다.

須從木落草枯之後
수 종 목 락 초 고 지 후

모름지기 잎이 떨어지고 풀이 마른 후

向聲希味淡之中
향 성 희 미 담 지 중

소리의 즐거움이 사라지고

覓得一些消息
멱 득 일 사 소 식

이로운 소식을 깨닫는다면

纔是乾坤的橐籥
재 시 건 곤 적 탁 약

이것은 겨우 우주의 올바름을 알게 되는
열쇠이며

人物的根宗
인 물 적 근 종

인격의 근본 바탕이 된다.

한적 閑適

꽃이 붉고 버들이 푸른 화려함은 한때 뿐, 그것은 금방 변하고 사라진다. 아무리 아름다운 꽃도 가을바람을 견디지 못한다. 악기 소리와 아름다운 노래가 들리는 곳에서는 누구나 즐거움을 얻지만 그 즐거움은 곧 사라진다. 그럼에도 즐거움을 탐닉한다면 그 마음이 방탕하다는 증거이다.

꽃이 지고, 버들도 시들고 난 황량한 벌판에 있을 때 그곳에서 참다운 기쁨을 얻는다면 그것이 세상의 참된 이치를 깨닫는 일이다. 주지육림의 잔치가 끝나고, 아름다운 노래도 사라지고 쓸쓸한 곳에 남았을 때 참된 기쁨을 얻는다면 그것이 우주의 이치를 깨닫는 열쇠이다.

3 생명의 유한함을 깨닫기

看破有盡身軀
간 파 유 진 신 구

인간의 몸은 언젠가는 끝난다는 것을 안다면

萬境之塵緣自息
만 경 지 진 연 자 식

부질없는 속세의 모든 것이 저절로 없어지고,

悟入無懷境界
오 입 무 회 경 계

무심의 상태를 깨달으면

一輪之心月獨明
일 륜 지 심 월 독 명

마음속에는 밝은 달이 뜬다.

한적閑適

　　　　　　인간은 유한한 존재이다. 그럼에도 우리는 유한함을 잊고 살아간다. 욕심이 이 모두를 덮어서 천년만년 살 것처럼 생각하게 만든다. 우리 몸이 언젠가는 사라진다는 이치를 깨달으면 몸의 생사와 고락에 대한 집착이 풀리고 온갖 번거로운 인연이 저절로 줄어든다.

　유한한 인생을 받아들이고 물욕의 집착을 버리면 마음이 활달하고 남에게 얽매이지 않는 인격이 생긴다. 또 이를 깨달아 욕망이 없는 경지에 이르면 마음에 있는 달이 저절로 밝아져 허망한 망상이 사라진다.

4 소박함의 즐거움을 알기

土床石枕冷家風
토 상 석 침 냉 가 풍

흙으로 만든 평상과 돌베개가 있는 소박한 집에서

擁衾時
옹 금 시

이불을 덮고 잘 때면

夢魂亦爽
몽 혼 역 상

꿈을 꾸어도 머리가 맑고,

麥飯豆羹淡滋味
맥 반 두 갱 담 자 미

보리밥과 콩나물국의 소박한 맛을 즐기면

放箸處
방 저 처

젓가락을 내려놓고 물러나서도

齒頰猶香
치 협 유 향

오히려 입안과 뺨에서 향기가 나고 기분이 좋아진다.

흙으로 자리를 만들고, 돌을 베개로 삼아 소박한 가풍을 지키는 집에서 이불을 덮고 잠이 들면 꿈속의 혼이 맑고 깨끗하여 한 점의 세속 욕망도 없다. 보리밥과 콩나물국의 단순한 맛을 즐기는 사람은 식사를 마치고 나서도 입속에 향기가 남는다.

욕심의 크기가 우리를 번잡하게 만들 뿐이다. 욕심이 과하면 늘 마음이 심란하지만 소박한 삶을 추구하면 언제나 마음을 편하게 가질 수 있다. 또한 검소하게 사는 것 자체를 즐기는 사람은 늘 낙관적으로 살기 때문에 향기로운 생활을 할 수 있다.

5 아름다운 인생으로 마무리하기

富貴的一世寵榮 일생동안 부귀와 영화를 누린 사람은
부 귀 적 일 세 총 영

到死時 죽음에 이를 때
도 사 시

反增了一個戀字 도리어 미련이 더하는 것을 깨닫고
반 증 료 일 개 련 자

如負重擔 무거운 짐을 지는 것 같다.
여 부 중 담

貧賤的一世淸苦 일생을 탐욕 없이 고생하며 산 사람은
빈 천 적 일 세 청 고

到死時 죽음에 이를 때
도 사 시

反脫了一個厭字 도리어 싫은 것에서 벗어남을 깨닫고
반 탈 료 일 개 염 자

如釋重枷 무거운 형틀을 풀어버리는 것 같다.
여 석 중 가

人誠想念到此 사람이 진실로 생각이 여기에 이르면
인 성 상 념 도 차

當急回貪戀之首 마땅히 집착하는 생각에서 고개를 급히 돌려
당 급 회 탐 련 지 수

而猛舒愁苦之眉矣 고통으로 사나워진 눈썹을 펴서 빨리 낯을 바꿔야 한다.
이 맹 서 수 고 지 미 의

한적閑適

일생을 풍요롭게 살고 영화를 누리며 지낸 사람들은 죽는 순간까지도 과도한 욕심을 버리지 못하므로 평생 행복하기 보다는 무거운 짐을 진 것과 같다. 누구나 가난하게 사는 것은 싫어하지만 가난하고 미천하여 괴로움을 감당치 못하다가 갑자기 죽을 때에 이르면, 생전에 괴로워서 기피하던 싫은 것에서 해탈하여 홀가분함이 마치 견고하고 무거운 형틀을 풀어버리는 것과 같다.

사람이 산다는 것은 어찌 보면 누가 더 많은 짐을 지고 있느냐에 달려 있다고 할 수 있다. 부귀와 영달을 누리는 사람은 그만큼 짐을 더 진 것이니 죽음에 이르면 짐이 더 무겁고, 반대로 가난하면 내려놓을 짐이 적으니 가벼운 것이다. 세상의 그런 이치를 깨달아 영달을 탐하는 마음을 바꾸어 인색하고 아첨하지 말아야 한다. 근심어린 얼굴을 펴고 맑고 고요한 지조를 지켜야 한다.

6 기쁘고 싫은 감정에서 벗어나기

談紛華而厭者
담 분 화 이 염 자

화려한 이야기를 싫어하는 사람이

或見紛華而喜
혹 견 분 화 이 희

화려한 것을 보고 기뻐하기도 하고,

語淡泊而欣者
어 담 박 이 흔 자

담박한 이야기를 좋아하는 사람도

或處淡泊而厭
혹 처 담 박 이 염

담박한 처지가 되면 싫어하기도 한다.

須掃除濃淡之見
수 소 제 농 담 지 견

그러므로 모름지기 짙고 묽은 것을 다 버리고

滅却欣厭之情
멸 각 흔 염 지 정

기뻐하고 싫어하는 뜻을 물리쳐 없애야만,

纔可以忘紛華
재 가 이 망 분 화

비로소 화려한 것을 잊고

而甘淡泊也
이 감 담 박 야

담박함을 달게 생각할 것이다.

한적閑適

화려한 이야기를 싫어하는 사람도 화려한 것을 보면 오히려 좋아한다. 그가 진실로 화려한 것을 싫어하는 것이 아니기 때문이다.

담백한 이야기를 좋아하는 사람도 담박한 처지에 놓이면 오히려 싫어한다. 그가 진실로 담백함을 좋아하는 것이 아니기 때문이다.

화려하고 담백한 생각을 다 버리고, 좋아하고 싫어하는 감정을 다 버려야만 그때서야 화려함을 잊고 담백함을 달게 볼 수 있다.

7 욕심을 초월하기

龍可豢非眞龍
용 가 환 비 진 룡

용이 사육당하면 진짜 용이 아니고

虎可搏非眞虎
호 가 박 비 진 호

범이 매여 있으면 진짜 범이 아니다.

故爵祿可餌榮進之輩
고 작 록 가 이 영 진 지 배

그러므로 벼슬은 영화를 바라는 무리들을 먹여 살리기는 해도

必不可籠淡然無欲之人
필 불 가 농 담 연 무 욕 지 인

오로지 욕심을 버린 사람을 붙잡아 가두지는 못한다.

鼎鑊可及寵利之流
정 확 가 급 총 리 지 류

형틀은 욕심을 바라는 자들에게는 필요하지만

必不可加飄然遠引之士
필 불 가 가 표 연 원 인 지 사

욕심을 초월한 사람에게는 미치지 못한다.

한적閑適

사람이 기른 용은 진짜 용이 아니다. 야성을 잃고 하늘로 박차고 오르려는 패기가 없으면 진실한 용이 아니다. 범을 잡아서 묶어 놓으면 진짜 범이 아니다. 범은 산에 있을 때 범이지 갇혀 있으면 구경거리에 불과하다.

사람도 이와 같아서 벼슬이나 이득을 탐하면 참 사람이 아니다. 벼슬은 영달을 바라는 무리의 미끼가 되지만, 욕심이 없는 맑은 사람은 농락당하지 않는다. 왜냐하면 영달을 바라는 무리는 탐욕이 많아 오직 자기 이익만을 추구하여 향기로운 미끼로 물고기를 낚듯이 벼슬의 이득으로 그 뜻을 사서 부도덕의 경지에 몰아넣어도 반성하지 못하기 때문이다. 그러나 담담하여 욕심이 없는 사람은 벼슬을 뜬구름과 같이 여겨 높은 절개, 깨끗한 지조를 지키고 구구한 벼슬에 농락당하지 않는다.

8 아름다움을 지키기

昂藏老鶴　　　　　　고고함을 품고 있는 늙은 학은
앙 장 노 학

雖饑　　　　　　　　비록 주릴지라도
수 기

飮啄猶閒　　　　　　오히려 마시고 먹을 때
음 탁 유 한

肯同鷄鶩之營營　　　닭이나 오리가 하는 것처럼
긍 동 계 목 지 영 영

而競食　　　　　　　음식을 가지고 다투겠는가?
이 경 식

偃蹇寒松　　　　　　추위에 쓰러져 있는
언 건 한 송

縱老　　　　　　　　늙은 소나무라도
종 로

丰標自在　　　　　　자기의 풍채를 지니고 있으니
봉 표 자 재

豈似桃李之灼灼　　　어찌 복숭아나무나 오얏나무와
기 사 도 리 지 작 작

而爭姸　　　　　　　아름다움을 다투겠는가!
이 쟁 연

한적閑適

고고함을 품은 늙은 학은 아무리 굶주려도 물을 마시고 먹이를 먹는 모습이 의젓하고 우아하다. 닭이나 오리 따위의 작은 새처럼 악착스럽게 먹이를 다투는 모습과 비교할 수 없다. 아무리 늙어 굽었을지라도 소나무는 그 고고한 기상과 의젓한 모습은 그대로 간직하고 있다. 복숭아나무와 오얏나무에 꽃이 핀들 노송과 비교한다는 것은 당치도 않다.

사람은 기개가 있는 당당한 학처럼 좀스럽지 않아야 하며, 노송처럼 고고한 기상을 잃지 말아야 한다.

부끄럽지 않게 살기

人之有生也 사람의 일생은
인 지 유 생 야

如太倉之粒米 커다란 창고의 쌀 알맹이와 같고
여 태 창 지 입 미

如灼目之電光 눈부신 번갯불과 같으며
여 삭 목 지 전 광

如懸崖之朽木 벼랑에 걸려 있는 썩은 나무 같고
여 현 애 지 후 목

如逝海之巨波 바다에 떠다니는 큰 파도와도 같다.
여 서 해 지 거 파

知此者 이것을 깨달은 자가
지 차 자

如何不悲 어찌 슬프지 않으며
여 하 불 비

如何不樂 어찌 즐겁지 않을까?
여 하 불 락

如何看他不破 어찌 그것을 보고도 깨닫지 못하고
여 하 간 타 불 파

而懷貪生之慮 삶을 탐하는 마음을 품겠으며
이 회 탐 생 지 려

如何看他不重 어찌 그것을 보고 중요하게 여기지 않고
여 하 간 타 부 중

而貽虛生之羞 삶의 헛된 욕심을 남기겠는가?
이 이 허 생 지 수

한적한적

사람들은 저 잘난 멋에 살기 때문인지 마치 거대한 탑처럼 으스대며 살기도 한다. 하지만 우주에 비하면 아무리 위대한 인간이라도 아주 보잘 것 없는 미물에 불과하다. 아무리 많은 지식이 있어도 큰 창고의 티끌 하나 가진 것에 불과하다.

끝없이 넓은 공간에 처해 있는 우리 인간은 큰 창고 속에 있는 하나의 쌀알 한 톨처럼 작다. 또한 백 년의 생명을 영원한 시간에 의지해 있으니 그 빠르기가 번갯불과 같다. 또한 천 길 벼랑에 외로이 매달려 있는 썩은 나무처럼 외롭고, 바다 가운데 도도히 일어났다 순식간에 사라지는 큰 물결처럼 덧없이 변한다.

이처럼 인생이 덧없음을 알면 어찌 슬프지 않으며, 이런 가운데 다행히 살아 있음을 깨달으면 어찌 기뻐하지 않겠는가. 덧없음을 알지 못하고 부질없이 삶에 집착하는 생각으로 구구하게 죽음을 피하려할까. 또한 이처럼 덧없음에도 살아 있는 것을 귀중하게 생각지 않고, 고귀한 도덕이나 위대한 사업으로 명예를 길이길이 전하려 하지 않고 헛되이 살다가 죽어가는 부끄러움을 남길 것인가?

10 적극적으로 살기

造化喚作小兒
조 화 환 작 소 아

비록 조물주라도 어린이처럼 여기고

切莫受渠戲弄
절 막 수 거 희 롱

절대로 지배를 받지 말며

天地丸爲大塊
천 지 환 위 대 괴

하늘과 땅이라 하더라도 커다란 흙덩이로 알고

須要任我爐錘
수 요 임 아 노 추

마땅히 나의 화로를 만드는 도구로 삼아야 한다.

한 적 閑 適

비록 세상을 창조한 조물주라도 두려워하지 말고, 말 잘 듣는 어린이처럼 여겨야 조물주에게 끌려 다니지 않는다. 또한 천지처럼 큰 것이라도 너무 존중하다가 그것에 지배당하지 말고 자기 용도로 쓸 줄 알아야 한다. 인간은 운명의 노예로 질질 끌려 다니는 게으름뱅이가 아니라 운명을 스스로 만들어가는 지배자로 살아야 한다.

11 실속 있는 생활하기

逸態閒情
일 태 한 정

편안한 마음을 갖는 것은

惟期自尙
유 기 자 상

스스로를 높이는 것인데

何事外修邊幅
하 사 외 수 변 폭

어찌 겉모습이나 치장할 것인가?

淸標傲骨
청 표 오 골

맑은 품성과 당당한 기골은

不願人憐
불 원 인 련

남의 동정을 바라지 않는 법이니

無勞多費胭脂
무 로 다 비 연 지

어찌 연지를 바르는 일에 힘쓸까?

한적閑適

편안한 마음을 가지고 의젓한 태도로 사는 것이 아름답고 자기 수준을 높이는 일이다. 이는 겉모습을 화려하게 하고 남에게 잘 보이려는 노력으로 이루어지는 것이 아니다. 자기 마음을 잘 다스리는 청초한 품성을 지니면 남의 눈을 의식할 필요가 없다.

겉모습은 눈에 보이는 모습일 뿐이며 그것이 자신의 품위를 높여주는 것은 아니다. 스스로 인생을 갈고 닦아 변함없는 마음의 고운 옷을 입는 것이 품위를 높이는 일이다.

12 진실을 추구하기

棲遲蓬戶
서 지 봉 호

초라한 집에 한가로이 살면

耳目雖拘
이 목 수 구

듣고 보는 것에 구애가 있을지라도

而神情自曠
이 신 정 자 광

정신은 저절로 밝아지고,

結納山翁
결 납 산 옹

산골의 늙은이와 사귀면

儀文雖略
의 문 수 략

비록 예의는 낮으나

而意念常眞
이 의 념 상 진

그 마음은 항상 진실하다.

비록 초라한 오두막에서 한가로이 살면 사람을 접할 수 없어 보고 듣는 것에 장애가 있다. 하지만 정신의 눈은 혼자 한가하게 있을 때 더 커지기 때문에 더 넓은 세상을 보고 더 많은 소리를 들을 수 있다.

또한 예의를 모르는 늙은이와 사귀면 비록 대화의 질이 떨어지고 들을 것이 많지 않아도 진실한 생각이 담겨있다면 교활한 사람과 교제하는 것보다 낫다. 정신의 눈을 크게 뜨고, 세상의 이치를 제대로 깨우치고, 진실한 대화를 나누는 이들이 세상을 올바르게 세우는 것이다.

13 바쁜 중에 여유를 갖기

天地尚無停息 천지는 머물러 쉬지 않고
천 지 상 무 정 식

日月且有盈虧 해와 달 또한 가득 차 기우는데
일 월 차 유 영 휴

況區區人世 하물며 구구한 인간 세상에
황 구 구 인 세

能事事圓滿 모든 일이 다 원만히 잘 되고
능 사 사 원 만

而時時暇逸乎 언제나 여유가 있겠는가?
이 시 시 가 일 호

只是向忙裡偸閒 다만 바쁜 중에 잠깐의 여유를 갖고
지 시 향 망 리 투 한

遇缺處知足 부족한 곳에서 만족할 줄 알면
우 결 처 지 족

則操縱在我作息自如 일하고 쉬는 것은 마음대로 조종할 수 있다.
즉 조 종 재 아 작 식 자 여

卽造物不得與之論勞逸 그러므로 조물주도 나와 함께 근심하는 일을 논하지 못할 것이며
즉 조 물 부 득 여 지 논 노 일

較虧盈矣 기울고 차는 것을 비교하겠는가?
교 휴 영 의

한적 閑適

하늘과 땅도 가만히 있지 않고 움직이며, 해와 달도 끊임없이 차고 기운다. 하물며 변변치 못한 인간이 어찌 세상살이에서 언제나 한가하고 편안하여 잠시의 바쁜 때도 없으랴?

다만 번잡하고 바쁜 가운데서 편안함을 얻고, 부족하지만 만족을 알면 한가하고 분주한 것을 마음대로 할 수 있다. 그러므로 비록 조물주의 교묘한 힘으로도 나에 대해 수고롭고 편안함을 따지거나, 차고 기우러짐을 다투지 못할 것이다. 결국 세상은 한가하게 사는 것이나 번잡하게 사는 것도 마음에 달렸으니, 한가하고 편안하게 살아야 한다.

14 선비다운 안목 갖기

會心不在遠
회 심 부 재 원

마음을 모으는 것은 멀리 있지 않고

得趣不在多
득 취 부 재 다

취미는 많이 가져야 하는 것은 아니다.

盆池拳石間
분 지 권 석 간

그릇만한 연못이나 주먹 만 한 돌멩이의 틈에도

便居然有萬里山川之勢
변 거 연 유 만 리 산 천 지 세

만리산천 같은 큰 기세가 있다.

片言隻語內
편 언 척 어 내

짧은 말 한 마디에도

便宛然見千古聖賢之心
변 완 연 견 천 고 성 현 지 심

먼 옛날 성현의 마음을 완연히 엿볼 수 있으니

纔是高士的眼界
재 시 고 사 적 안 계

이러면 고결한 선비의 안목을 지닐 수 있고

達人的胸襟
달 인 적 흉 금

달관한 사람의 마음이 될 수 있다.

깨달음을 얻는 것은 결국 마음에 있는 것이니 먼 사람에게는 한없이 멀지만 현명한 사람에겐 지극히 가까운 곳에 있다. 마음을 두드리고 여는 그곳에 바로 깨달음이 있다. 깨달음은 낮고 가까운 데에 있다.

취미를 얻는 것도 많음에 있는 것이 아니라 적은 데에도 있다. 그릇만한 작은 연못과 주먹 만 한 작은 돌 사이에서 천리만리 큰 산천의 기세를 보고, 한 마디 말과 반 구절 글에서도 옛 성현들의 마음을 알면 이것이 곧 작은 것에서 큰 것을 알 수 있고, 가까운 것에서 먼 것을 보는 것이다. 이것은 고결한 선비의 안목이고, 달관한 사람의 생각이다.

지혜로운 삶의 교훈
한용운 채근담 1

초판 1쇄 발행 2010년 6월 30일
초판 21쇄 발행 2021년 10월 01일

풀어쓴이 이병두
펴낸이 이규만

편 집 임동민
디자인 김형조

펴낸곳 참글세상
등록일자 2009년 3월 11일
등록번호 제300-2009-24호
주소 서울 종로구 인사동 7길 12 백상빌딩 1305호
전화 (02)730-2500
팩스 (02)723-5961

ISBN 978-89-963038-9-3 03220

※ 잘못된 책은 바꿔 드립니다.
※ 값은 책 뒷면에 있습니다.